2018년 기초단체장선거를 통해 본 광주광역시의

지역정치와 지역발전

지병근 편저

정독
DEEP READING

이 저서는 2018년 대한민국 교육부와 한국연구재단의 지원을 받아 수행된 연구임(NRF-2018S1A3A2075531).

머리말

이 책의 출간을 기획하게 된 것은 한국의 선거·정당정치를 다룬 다수의 선행연구들이 존재함에도 불구하고, 지역정치가 실제로 어떻게 작동하고 있는지를 이해하는 데 도움이 될 만한 연구들이 지극히 드물다는 문제의식 때문이었다. 기존의 연구들은 대부분 전국적 차원에서 유권자들의 행태나 정당체제의 동학을 설명해왔으며, 지방선거나 지방정부에 주목했던 이들의 관심 또한 광역자치단체에 국한된 것이었다. 그리고 이는 지역정치의 다양성은 물론 민주화 이후 소위 '지역주의'에 의해 주조(鑄造)된 한국정치의 특성을 이해하는 데 상당한 어려움을 가져왔던 것이 사실이다. 단적인 예로, 호남의 '지역주의'에 대한 지대한 관심과 이에 관한 셀 수 없이 많은 연구들이 있지만 정작 이 곳의 지역정치가 어떻게 작동하고 있는지를 알려주는 연구는 그다지 많지 않다.

이 연구는 이러한 공백을 메우기 위한 하나의 시도로 지난 2018년 실시된 제7회 전국동시지방선거 가운데 광주광역시의 5개 기초자치단체장선거를 사례분석한 것이다. 기초자치단체장은 말 그대로 지역자치의 가장 기초가 되는 정부조직의 수장이기에 이들을 뽑는 선거과정에 대한 분석은 지역정치의 '말초신경계'를 이해하는 출발점이 될 수 있다. 아울러 광주광역시는 호남의 중심지이자 민주화 이후 실시된 거의 모든 대선과 총선에서 지역주의가 가장 강하게 나타난 지역으로 알려져 있다는 점에서 단일정당이 지배하는 정당체제하에서 지방선거를 매개로 이루어지는 지역엘리트 충원과 지역정치의 동학을 이해하는 데 매우 유용한 사례라고 할 수 있다.

이 책은 2018년 봄학기 조선대학교 정치외교학과의 전공선택과목인 <여론과 정치마케팅>에 교수와 수강생으로 참여한 저자들이 거의 1년 가까이 다양한 문헌과 인터뷰 결과를 모아 분석한 성과를 담은 것이다. 저자들은 지역정치를 다룬 다양한 선행연구들을 검토하고, 사전조사를 통해 지역의 인구사회학적 특성과 역대선거결과를 파악하였으며, 후보자들의 정책자료집과 선거공보를 분석하고, 이를 바탕으로 체계적으로 조사문항을 구성하여 지방선거를 앞두고 있던 기초단체장 (예비)후보들은 물론 일부 기초의회의원후보와 유권자들에 대한 인터뷰를 진행하였다.

각 장에 담겨 있는 저자들의 문제의식과 목적은 다양하지만, 이들은 공통적으로 기초단체장과 같은 지역정치엘리트를 충원하는 과정에서 이들의 활용하는 선거운동조직이나 선거운동기금조성방안, 선거공약은 무엇이며, 지역 특유의 정당체제는 물론 후보자들의 정치적 경력(시의원, (부)구청장, 대통령비서실)과 지역 국회의원이나 시장 후보와의 관계 등 이들이 소유한 정치적 자원이 각 정당의 후보공천은 물론 선거의 결과에 어떠한 영향을 미치는가를 규명하고자 하였다.

이 책의 제1장은 선행연구들에 대한 검토를 바탕으로 광주광역시 유권자들과 정당들의 정치적 특성을 개괄하고, 이번 지방선거에서 이 지역의 모든 기초단체장선거에서 승리한 더불어민주당의 후보공천과정을 분석함으로써 광주의 지역정치가 어떻게 작동하고 있는지 설명하고자 하였다. 이를 위해 이 장은 더불어민주당의 후보경선에 참여한 후보자들의 인구학적 특성(성별, 연령, 학력), 정치적 경력, 공천제도 외에도 후보자들의 학연이나 중앙당과 지역당조직 간의 위계적 관계, 지역국회의원·시장(후보)과의 관계 등 지역의 비공식정치(informal politics)를 구성하는 일부 요인들을 살펴보고, 이들이 후보공천 및 선거 결과에 미친 영향을 종합적으로 비교분석하였다.

제2장~제6장은 각각 동구, 서구, 남구, 북구, 광산구의 기초단체장선거사례를 차례로 분석하였다. 제2장은 시의원 출신의 더불어민주당 후보 임택과 광주광역시의 유일한 민주평화당 소속 구청장이었던 김성환이 양자대결을 펼친 동구 기초단체장 선거를 사례로 후보자들의 정치적 경력, 소속정당, 현직자 여부, 지역구 국회의원과의 관계 등을 고려하여 후보자들의 정치적 자원이 후보경선이나 본선에 미친 영향을 분석하는 데 초점을 두었다. 제3장은 음주운전경력을 이유로 시당의 결정이 번복되어 현직 구청장 임우진이 더불어민주당의 공천에서 배제된 반면, 대통령비서관 출신인 서대석이 유력한 시의원 출신 후보들의 도전을 물리치면서 후보경선에서 승리하고 결국 본선에서 승리하게 된 서구 기초단체장선거를 사례분석하고 각 정당의 후보자들이 지지기반과 선거운동기금을 조성하기 위해 어떠한 활동을 벌였는지를 비교적 상세히 소개하였다.

제4장은 더불어민주당의 광주광역시 기초단체장 후보공천과정에서 유일하게 단수공천이 이루어진 남구에서 이곳의 지역위원장이

었던 최진이 탈락하고 청와대 행정관 출신인 김병내가 공천을 받으면서 법적 소송까지 이어지는 공천갈등이 심화되어가는 과정과 그 영향을 당사자들은 물론 유권자들에 대한 인터뷰를 통해 정밀하게 분석하였다. 제5장은 북구의 부구청장 출신인 문인이 시의원을 두 번이나 역임했던 다른 후보자들의 추격을 물리치고 더불어민주당 후보경선에서 승리한 이후 광주시의회 의장출신으로 민주평화당의 전폭적인 지원을 받았던 이은방과 격돌하여 승리한 북구청장선거에서 관료경력이 후보공천과정 및 본선에서의 경쟁력에 미친 영향과 전임자의 지원, 후보들 간의 단일화 시도가 미친 효과 등을 분석하였다. 제6장에서는 평균연령이 매우 낮고 외국인 노동자들이 많은 공단이 위치하고 있으며, 활발한 주민자치 실험이 이루어지는 등 독특한 특성을 갖는 광산구의 기초단체장선거에서 나타난 후보자들의 특성과 후보단일화 등 선거운동전략이 후보공천 및 선거결과에 미친 영향을 분석하였다.

이 책은 다른 연구들에서는 쉽게 찾아볼 수 없는 자료들, 예를 들어 기초단체장 후보를 비롯한 지방선거 후보자들과 이들의 측근들에 대한 인터뷰와 선거운동 참관 등 저자들이 직접 현장에서 취득한 자료들을 분석한 결과가 담겨져 있으며, 비록 편저자에 의해 일부 윤문이 이루어졌으나, 저자들의 경험과 판단이 생생하게 전달될 수 있도록 가급적 초고의 틀을 거의 그대로 유지하였다. 이 책이 비록 많은 한계를 안고 있지만, 광주광역시의 기초단체장선거사례분석을 통해 지역정치, 특히 '지역주의'만으로 단순히 '환원'시킬 수 없는 호남 지역정치의 다양성에 대한 이해를 높이는데 기여할 수 있을 것이며, 더 나아가 지방분권화시대를 맞이하며 지역발전을 위한 지역정치의 새로운 디자인을 고민하는 분들에게 조금이나마 도움이 될 수 있기를 기대한다.

마지막으로 이 책이 출간될 수 있도록 지원을 해준 교육부와 한국연구재단, 그리고 출판을 맡아주신 도서출판 정독에게 깊은 감사를 드린다. 아울러, 한국사회과학연구단(SSK)의 연구단장을 맡아 소형단계에서부터 대형단계에 진입하기까지 수년간 한국의 지역발전에 기여할 수 있는 모델개발에 매진하시며 이 책이 담고 있는 문제의식의 토대를 마련해 주신 차재권 교수님과 다른 공동/전임연구원들, 그리고 '동네안의 시민정치'와 참여관찰을 통한 지역정치연구의 중요성을 일깨워주신 김의영 2018년 한국정치학회장님께도 감사를 드린다. 그리고 학업과 취업준비의 바쁜 일상 속에서도 이 책의 출간을 위해 적극 협력해준 각 장의 저자들, 특히 박성용, 서주희, 장인수, 장은진, 김경진 등에게 특별한 감사와 애정을 표한다.

2019년 3월

조선대학교 정치외교학과 교수 지병근

차 례

표, 그림, 부록 목록

제1장

제 2 장

제 3 장

제 4 장

제 5 장

제6장

인터뷰 목록

지역	인터뷰 대상	방법	일시	장소
동구	김성환(민주평화당 동구청장 예비후보자)	면담	2018.4.17.	동구청장실
	임택(더불어민주당 동구청장 예비후보자)	서면	2018.5.17.	이메일
	양혜령(더불어민주당 동구청장 예비후보자)	면담	2018.4.20.	선거사무소
	홍기월(민주평화당 동구의원 예비후보자)	면담	2018.4.18.	동구의회
서구	김보현(더불어민주당 서구청장 예비후보자)	면담	2018.4.25.	선거사무소
	서대석(더불어민주당 서구청장 후보자)	면담	2018.5.9.	선거사무소
	이성일(민주평화당 서구청장 예비후보자)	면담	2018.5.18.	선거사무소
	임우진(무소속 서구청장 후보자)	면담	2018.5.18.	선거사무소
	학생(20대)	면담	2018.5.20.	길거리
	택시기사(50대)	면담	2018.5.16.	택시 안
남구	안OO(더불어민주당 김병내 예비후보 선거운동본부장)	면담	2018.5.16.	선거사무소
	박OO(더불어민주당 최진 예비후보 측 인사)	면담	2018.5.16.	선거사무소
	김OO(60, 약사)	면담	2018.5.18.	길거리
	이ㅇㅇ(41, 주부)	면담	2018.5.18.	길거리
	조ㅇㅇ(50, 서비스업)	면담	2018.5.19.	길거리
	정ㅇㅇ(46, 요식업)	면담	2018.5.19.	길거리
	임ㅇㅇ(45, 요식업)	면담	2018.5.19.	길거리

북구	문상필(더불어민주당 북구청장 예비후보자)	면담	2018.4.26.	선거사무소
	조오섭(더불어민주당 북구청장 예비후보자)	서면	2018.4.26.	이메일
	문인(더불어민주당 북구청장 후보자)	서면	2018.5.28.	이메일
	이은방(민주평화당 북구청장 후보자)	서면	2018.6.3.	이메일
	최○○(48,자영업)	면담	2018.4.25.	길거리
광산구	임한필(더불어민주당 광산구청장 예비후보자)	면담	2018.4.18	선거사무소
	김선미(민중당 광산구의회 의원 후보자)	면담	2018.4.30.	선거사무소
	김삼호(더불어민주당 광산구청장 후보자)	서면	2018.5.3.	이메일
	박삼용(자유한국당 광산구의회 의원 후보자)	전화	2018.5.16.	전화
	더불어민주당 광주시당 관계자	면담	2018.5.20.	정당사무소

제 1 장 지역발전을 위한 지역정치 엘리트의 충원

CHAPTER

01 지역발전을 위한 지역정치 엘리트의 충원

지병근

Ⅰ. 서 론

제7회 지방선거에서 광주광역시는 예년과 마찬가지로 상당한 주목을 받았다. 광주광역시는 전남과 전북을 포함한 호남정치의 중심지로서 역대선거에서 이곳 유권자들의 정치적 태도가 동질성이 강한 타지역 거주 호남 유권자들의 투표결정에도 상당한 영향을 줌으로써 전국적으로 선거결과는 물론 정당들의 생존 여부에 지대한 영향을 미쳐왔다고 알려져 있다. 지난 총선에서도 이 지역은 소위 '녹색돌풍'을 일으켜 국민의당이 8개 지역구 선거를 모두 석권하는 등 전국에서 총40석을 보유한 제3당으로서 다당체제를 형성하는데 결정적인 역할을 하였다고 볼 수 있다.

이번 지방선거에서도 광주광역시 유권자들의 선택은 한국정당체제의 재편에 상당한 영향력을 미칠 것으로 여겨졌다. 이미 2017년 제19대 대선에서 확인되었지만, 광주광역시를 포함한 호남유권자들 가운데 상당수가 지난 제20대 총선에서 등을 돌렸던 더불어민주당에 대한 지지로 다시 선회하였으며, 이러한 경향성은 지방선거를 앞두고 고공행진을 보이고 있던 문재인 대통령의 국정운영 지지도와 함께 안철수의 국민의당과 바른정당의 통합역풍으로 더욱 가속화되었다. 따라서 지난 총선에서와 달리 이번 지방선거에서는 이 지역 유권자들이 더불어민주당에 대한 '항의 투표(protest voting)'보다는 문재인정부의 안정적 집권을 위해 집권여당에 대하여 '지지 투표(support voting)' 성향을 보여줄 경우, 국민의당을 탈당한 호남의원들이 주축이 된 민주평화당의 창당에도 불구하고 최소한 호남에서 더불어민주당의 독주가 예상되었다.[1]

광주광역시의 기초단체장 선거 또한 더불어민주당이 압도적으로 우세할 것이라는 전망이 제기되었다. 국민의당과 그 후신인 바른미래당, 그리고 민주평화당에 대한 지지율이 지극히 저조한 상황에서 기초단체장 선거에서 더불어민주당의 공천을 받으려는 정치엘리트들이 '줄을 섰다'고 할 수 있었던 반면, 야당은 공천할 인물을 찾는 것조차 힘들었다. 광주광역시 기초단체장 선거의 경쟁률은 무려 6대 1(5명 정수 30명 등록, 3명의 사퇴/사망/등록무효자 제외)에 이르렀으나, 후보자들 가운데 77%(23명)가 더불어민주당 소속이었으며, 바른미래당 소속 예비후보자는 동구에 1인, 민주평화당 소속은 남구를 제외한 나머지 지역의 4인에 불과하였다(중앙선거관리위원회).

하지만, 이 연구가 주목하는 것은 단순히 일당우위의 정당체제 혹은 선거지형에서 진행된 선거과정이나 결과가 아니다. 다시 말해,

---

1 여기에서 지지투표는 가깝게 느끼거나 선호하지는 않더라도 국정운영이 위축되지 않도록 집권여당에 대한 '지지'를 표출하려는 일시적인 투표성향을 의미한다.

그동안 많은 연구자들이 주목했던 것처럼 민주화 이후 호남에서 그동안 실시된 거의 모든 선거에서 나타났던 특정 지역정당에 대한 전폭적인 지지를 의미하는 지역주의적 투표행태가 이번 선거에서도 지속되거나 혹은 그 강도가 얼마나 약화 혹은 강화되었는지, 그리고 그 영향이 바른미래당이나 민주평화당의 생존 여부에 어떠한 영향을 미쳤는지에 관한 것이 아니다. 이 연구는 정당간의 경쟁과 유권자들의 투표결정보다는 각 정당 내부의 후보공천을 둘러싸고 벌어진 예비후보자들 사이의 경쟁과 선택에 관한 것이다. 그리고 이는 지역주의로 환원시킬 수 없는 호남지역 내부의 정치엘리트 충원과정에 대한 규명을 연구의 목적으로 두고 있다는 것을 의미한다.

이 연구는 광주광역시 기초단체장 선거의 후보공천과정에 대한 탐색적 연구이다. 광주광역시는 일당지배체제하에 놓여 있기 때문에 정당간 경쟁이 선거결과에 별다른 영향을 미치지 못하며, 본선보다는 오히려 지배적 정당(dominant party) 내부에서 치열하게 전개되는 후보공천경쟁이 더 중요하다. 아울러 기초단체장은 선출직 가운데 가장 기초적인 행정단위의 책임자로서 지방행정 및 지방자치실현의 핵심적인 행위자이다. 기초자치단체는 유권자들의 입장에서는 가장 가까운 지방정부이며, 이를 책임질 기초단체장 후보의 선출은 풀뿌리민주주의 실현에 매우 결정적인 영향을 미칠 수 있다.[2]

2 기초단체장과 기초의원 후보의 정당공천허용은 2003년 기초의회선거에서 정당표방금지에 대한 위헌판결을 계기로 2005년 6월 임시국회에서 통과되어 2006년 제4회 전국동시지방선거에서부터 허용되었다. 이에 관한 논의는 주용학(2007)을 참조할 것. 주용학(2007, 31)은 "기초단체장과 기초의원이 지역구 국회의원과 중앙정치권에 의해 영향을 받게 되면 지방자치가 쇠퇴하고 지방정치는 중앙정치의 축소판이 될 것이다"라는 비관적 전망을 제시하였다.

따라서 광주광역시의 기초단체장 후보공천과정, 특히 더불어민주당의 후보공천과정에 대한 분석은 방법론적으로 일당우위의 정당체제하에서 이루어지는 엘리트 충원에 대한 이해를 제고하는 데에 매우 유용한 사례라고 할 수 있다. 그뿐만 아니라, 이에 관한 연구는 이미 정당공천의 민주화에 관한 논쟁과정에서 상당수의 연구자들이 지적했던 것처럼 지역주의적 투표행태에 가리어져 있던 지배적 정당 내부의 중앙–지방 관계, 지역정치의 다양한 행위자들과 이들이 만들어내는 지역정치의 동학을 이해하고, 더 나아가 지역자치를 활성화하는 데 유용한 정책적 함의를 제공할 수 있을 것이다. 통상적으로 영호남 지역은 지역주의로 인해 지역 내부의 정당정치 및 지역자치의 발전이 억제되어왔다고 알려져 있다. 따라서 이 연구는 지역주의가 여전히 강고하게 유지되고 있는 지역에서 나타나는 정당정치의 특성을 보여줄 뿐만 아니라, 지역자치의 발전에 요구되는 정치적 요건을 규명하는 데 도움을 줄 수 있을 것이다.

지방선거에 관한 연구들 가운데 기초단체장 선거에 관한 것은 후보 및 당선자들의 특성에 관한 것을 제외하면 그다지 많지 않다. 이는 지방선거연구 가운데 대부분이 광역단체장선거에 주목하는 것과는 대조적이다. 이처럼 기초단체장선거에 대한 무관심은 무엇보다 기초단체장이 광역단체장에 비해서 정치적 중요도가 낮다는 선입견 때문일 것이다. 하지만, 상당수의 기초단체장은 국회의원에 비해 더 큰 규모의 선거구에서 더 많은 유권자들을 정치적으로 대표한다. 비록 법률제정·개정의 주체인 국회의원들과 달리 지극히 제한된 권한과 역할을 수행하고 있지만, 기초단체장은 지역자치의 가장 기본단위의 수장으로서 기능한다는 점에서 이들을 선출하는 선거의 중요성 또한 결코 무시할 수 없다. 지역분권화시대를 맞이하여 이들의 권한과 책임이 더 커지고 있는 상황에서는 더욱 그러하다.

이 연구는 II절에서 한국의 지역정치엘리트의 충원에 관한 선행연구들에 대하여 논할 것이며, 이 연구의 분석방법을 설명할 것이다. III절에서는 광주광역시의 5개 자치단체와 이들 지역에서 상당한 영향력을 행사하고 있는 지역구 국회의원들을 간략히 소개하고, 역대 기초단체장 선거 당선자의 특성을 분석할 것이다. IV절에서는 이번 지방선거를 앞두고 진행된 더불어민주당의 기초단체장 후보공천과정을 분석할 것이다. V절에서는 이 연구의 분석결과를 요약하고, 그 함의를 논의할 것이다.

Ⅱ. 선행연구 및 분석 방법

1. 기초단체장의 충원구조에 관한 선행연구

한국에서 지역의 정치엘리트 충원구조에 관한 연구는 국회의원을 비롯한 중앙의 정치엘리트의 경우에 비해 그다지 활발히 이루어졌다고 보기 힘들다(한승조 1975; 이상묵 2008; 장세훈 2010; 박명호·한기영 2011; 전용주 2011). 그럼에도 불구하고 일부의 연구는 지방정부의 선출직 공직자나 지방의회의원의 후보공천 및 선거 과정에 초점을 두고 지역의 정치엘리트들이 과연 그리고 얼마나 전문성이나 정치적 대표성을 갖고 있는지를 평가하였다. 다음의 [그림 1-1]에 요약되어 있듯이 이들은 주로 지방선거에 출마한 광역 및 기초 단체장

[그림 1-1] 지방정치엘리트의 특성에 관한 선행연구

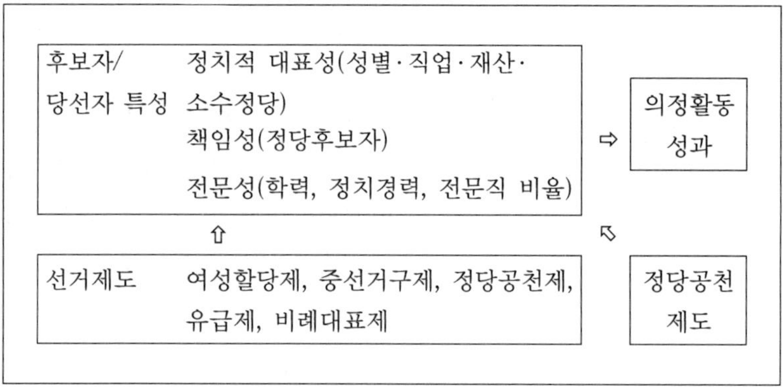

혹은 지방의회 의원 후보자와 당선자의 성별, 연령, 재산, 학력, 직업이나 현직 여부 등 사회경제적 특성이나 정치적 경력에 대한 실증적 분석을 통해 지방정부나 지방의회에 진출한 지역의 정치엘리트들이 남성, 고령층, 고학력층, 전문직 종사자 등에 편중되어 있으며 현직자들에게 유리한 정치엘리트 충원이 이루어져 왔다는 점을 보여주었다(전용주·차재권·임성학·김석우 2011; 박명호·한기영 2011).[3]

전용주 외(2011)는 "정치충원 구조가 지역 사회의 모든 집단에 대해 개방적인지 혹은 특정 개인이나 집단에 대해서만 유리한 폐쇄적 과정인지가 지역단위의 정당정치와 민주주의가 어떤 모습으로 작동하고 있는가라는 문제와 직결된다"(p.36)고 보고 "인구학적 모델"에 근거한 "정치적 대표" 현황을 파악하고자, 2010년 실시된 제5회 전국동시지방선거에 출마한 후보자들과 당선자들의 인구학적 특

3 지역의 정치엘리트보다 중앙정부나 청와대 비서진, 국회에 진출한 고위공직자나 선출직의 충원구조에 대한 분석은 주로 지역대표성에 초점을 두었다.

성을 분석하였다. 이들의 분석결과에 따르면, 당시의 선거에서 본 연구의 분석대상인 기초단체장 선거의 경우 후보자들 가운데 여성이 불과 3.5%, 평균연령이 55.9세, 평균 재산이 약 11.9억원, 대학원 이상 학력자가 48.2%, 정당인과 중앙·지방고위직 출신이 각각 30.3%와 22.0%였다. 기초단체장 당선자들의 경우에는 이러한 편향성이 더 강하게 나타났다: 당선자들 가운데 여성이 2.6%, 평균연령이 56.3%, 평균 재산이 약 12.3억원, 대학원 이상 학력자가 56.6%, 정당인과 중앙·지방고위직 출신이 각각 30.7%와 44.3%였다. 이들은 분석결과를 토대로 지방의 정치엘리트가 "특정집단에 경도된 편향적 경향"을 보이고 있다고 주장하였다.

박명호 외(2011) 또한 제3회~제5회 지방선거에 출마한 후보자들에 대한 추세분석을 통해 유사한 경향성을 발견하였을 뿐만 아니라, 흥미롭게도 지방자치단체장과 지방의원 등 지방정치엘리트 가운데 대졸 이상의 고학력층과 직업정치인의 비중이 증가하였으며, 이는 지방의원 유급화에 따른 것이었다고 주장하였다. 특히, 이들은 기초단체장 후보의 경우 고학력층이나 직업정치인뿐만 아니라 여성의 비중과 재산규모가 커졌다는 점을 보여주었다. 아울러, 이들은 지역별 특성을 고려한 분석을 통해 영호남 기초단체장선거의 경우 수도권에 비해 선거결과 1, 2위를 차지한 '주요 후보자' 가운데 고령자, 농축산업 종사자 및 자영업자뿐만 아니라, 대학원재학 이상 고학력자 출신의 비율이 높은 반면, 여성과 직업정치인 출신이 차지하는 비율이 낮을 뿐만 아니라 재산 규모가 작았다는 점을 보여주었다.[4]

4 상당수의 연구들은 현역의원들의 재선율에도 관심을 두었다(황아란 2007; 황아란·서복경 2014; 황아란 2015; 황아란 2017). 더 나아가 황아란과 서복경

이러한 흐름과 달리 상당수의 연구들은 지방선거제도가 지방정치엘리트 충원에 미친 영향을 분석하였다.[5] 대표적으로 이상묵(2008)은 1회~5회 지방선거(1995~2006)를 통해 이루어진 지역정치인의 충원을 정치적 대표성, 책임성, 전문성 차원에서 분석하였다. 보다 구체적으로 그는 정치적 대표성은 소수정당후보와 여성의 당선율, 책임성은 정당후보자의 비율과 현직자의 재선율, 전문성은 당선자의 학력과 정치인 및 전문직 종사자 비율을 통해 측정하여 기초의회의 정당공천제, 중선거구제와 유급제, 그리고 비례대표제를 도입한 제4회 동시지방선거 전후 당선자들의 특성을 분석하였으며, 그 결과를 토대로 지역정치엘리트의 대표성, 책임성, 전문성이 전반적으로 강화되었다고 주장하였다.

이들 외에도 일부의 연구들은 충원되는 의원들의 특성, 특히 의원들의 전문성이 지방의회의 성과에 미치는 영향에 대한 경험적 분석을 시도하기도 하였다(신원득·좌승희 2009; 유재균·박석희 2017). 예를 들어, 유재균과 박석희(2017, 252)는 3~7대 의회의 집합적 자료를 이용하여 의정성과가 2006년 이후 증가하였으며, 의원들의 전문성

(2014)은 정치엘리트의 '정치적 야망'과 '기회구조의 유인'을 분석틀로 삼아 제3회~제5회 전국동시지방선거 당선자들을 분석하여, 한국의 기초의회의원, 광역의회의원, 기초단체장, 광역단체장 순의 "정치적 사다리"에서 현직자들이 다음 단계로 올라가려는 '상향적 야망(progressive ambition)'이 존재하며 주요정당들 또한 후보공천과정에서 "현직 의원의 상향이동 성향이 나타났다고 주장하였다.

5 권력엘리트, 혹은 정치엘리트에 대한 개념은 다양한 방식으로 정의될 수 있다. 장세훈(2010, 169)은 지역엘리트를 "몇 세대에 걸쳐 해당 지역에 거주한 토박이를 중심으로 구성되어, 일반 대중과 격리된 채 독자적인 세력을 형성하여 자신들의 공통된 권익을 추구하는 연줄공동체"로 정의하였다. 여기에서는 그의 정의를 따르되 정치부문에 한정된 '지역정치엘리트'에 대하여 논한다.

또한 높아졌다는 사실과 함께 다양한 정치적 요인들(야당의원 비율, 지역구 의원비율, 입법지원 직원 비율 등)이 이에 영향을 미쳤다는 점을 보여주었다.

통상적인 양적 연구방법을 따르지 않고 일부의 연구들은 특정 지역 내부의 정치엘리트 혹은 경제엘리트의 충원과정을 역사적으로 분석하기도 하였다(박제욱 1996; 장세훈 2010). 예를 들어, 장세훈(2010)은 포항지역을 사례로 지역엘리트를 "지역사회 정주성(토착 혹은 외부)"과 "기득권에 대한 충성도"(p.170)를 기준으로 구분하고, 일제시기 이 지역에서 자리를 잡은 토착지배엘리트가 해방과 한국전쟁, 1960년대 포항제철의 가동, 민주화 이후 지방자치의 도입 등의 환경변화 속에서도 JC, 로타리, 라이온즈클럽, 포항향토청년회, 포항지역발전협의회 등을 통해 내부결속을 다지는 한편, 신흥지배엘리트층이나 저항엘리트에 대한 "배제", "포섭", 그리고 "상피" 등의 대응을 통해 내적 동질성을 유지하며 재생산되어 왔다는 점을 심층면접을 통해 분석하였다.

그런데 이처럼 지방선거에 출마한 후보자 혹은 당선자의 특성이나 제도적 환경에 관한 개인적 혹은 집합적 자료를 이용한 기존의 연구들은 정당 내외부의 비선출직 정치엘리트가 원천적으로 분석대상에서 제외되어 있다는 점 외에도 이들이 어떠한 맥락에서 후보경쟁과정에 참여하여 선출직에 이르는지에 대한 설명을 충분히 해주지 못하였다. 지역의 정치엘리트 충원과정의 패턴을 이해하기 위해서는 지방선거 출마자들의 특성보다는 정당들의 후보공천과정, 특히 당선가능성이 높은 주요 후보자들의 공천경쟁과정에 초점을 둘 필요가 있다. 이는 무엇보다 현대사회 지방정치엘리트의 충원 또한 정당을 통해 이루어지고 있기 때문이다. 한국의 경우에도 소위 '3김'의 정치적 퇴장 이후 점차 제도화 수준이 높아지고 있는 주요 정당의 후보공천절차와 예비후보자들 사이에 이루어지는 공천경쟁의 과정 및 결과를 지역수준에서 분석할 필요가 있다.

물론 각 정당들의 후보공천과정 또한 체계적으로 평가하기 어려운 문제가 있다. 여전히 한국의 정당들의 지방선거 후보공천과정은 외부에 잘 알려지지 않는 '비밀정원(secret garden)'의 폐쇄성을 그다지 벗어나지 못하고 있다. 더구나 최근에 주목을 받고 있는 후보공천과정에 관한 연구들 가운데 대부분은 중앙당 차원에서 이루어지는 대선후보나 총선후보의 선출과정에 초점을 두고 있기에 실제 현실에서 이루어지고 있는 지방의 정치엘리트 충원구조는 충분한 관심과 조명을 받지 못하였다. 그런데 이는 정당의 후보공천이 "중앙정치와 지역정치의 유착과 재생산"을 이해하는 데 결정적인 요소라는 점을 고려하면 반드시 극복해야 할 과제라고 할 수 있다(장수찬 2006).

2. 연구방법 및 분석틀

이 연구는 광주광역시에서 이루어진 더불어민주당의 5개 기초단체장선거의 후보공천사례를 분석할 것이다. 이미 잘 알려져 있듯이 광주광역시는 지역주의가 가장 강한 곳으로 유권자들의 정치적 성향이 매우 동질적인 것으로 알려져 있는 지역이다. 그리고 이러한 호남 내부의 강한 동질성은 '통제변인'을 극대화함으로써 공천결과에 대한 설명변인을 규명하는 데 유리하다고 할 수 있다. 더구나 이

곳은 지난 제19대 대선을 전후로 급격히 정당선호가 변화한 지역이다. 이미 앞서 언급한 것처럼 지난 제20대 총선에서는 국민의당이 '녹색돌풍'으로 광주광역시의 모든 지역구 의석을 차지하였다. 그러나 이 지역은 박근혜 전대통령의 탄핵과 제19대 대선을 거치면서 더불어민주당의 지지율이 급격하게 상승하였다. 따라서 이번 지방선거에서는 국민의당의 후신인 민주평화당이나 바른미래당이 아니라 더불어민주당의 공천을 받는 것이 본선에서의 당락을 판가름 짓는 결정적인 요인이 될 것이며, 정치엘리트들의 소속정당 변경과 이들 사이의 치열한 공천경쟁을 촉진하였을 것으로 예측할 수 있다. 결국 이 지역은 단일한 지역우위정당이 존재하는 독특한 환경에서 어떻게 지역의 정치엘리트가 충원되고 있는지를 볼 수 있는 매우 유용한

[그림 1-2] 분석틀

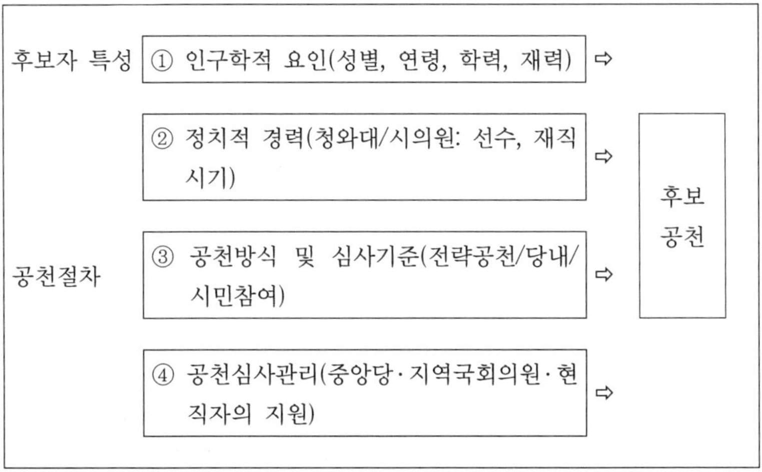

사례라고 할 수 있다.

이 연구가 광역자치단체장이 아니라 기초단체장선거에 주목하는 이유는 광역자치단체장의 경우 후보공천과정은 물론 본선에 미치는 중앙정치의 영향력이 지대하여, 지방정치의 특성을 제대로 보여주기 힘든 반면, 기초단체장 선거의 경우에는 시도당이 상당한 자율성을 갖고 후보를 공천하기 때문이다. 더불어민주당만 보더라도, 광역자치단체장은 시도당위원회가 아닌 중앙당공천관리위원회에서 직접 관리하도록 규정하고 있다(당헌 제89조). 이에 비해 기초단체장 후보공천은 시·도당위원회에서 주관하기 때문에 중앙－지방정치의 관계를 잘 보여줄 수 있을 것이다(주요 정당들의 후보공천관련 당헌규정은 <부록 1－1> 참조). 더구나 이번 광주광역시의 5개 기초단체장선거에는 각 정당들이 후보를 공천하면서 현격히 상이한 조건 속에서 공천경쟁을 진행하였으며, 더불어민주당의 경우에도 각 선거구마다 독특한 사회경제적 및 정치적 특성을 반영한 공천을 하였다.

공천과정을 분석하면서 고려할 만한 요인들은 매우 다양하다. 이 연구는 이들 가운데 기존 연구자들이 이미 주목했던 후보자들의 인구학적 요인들(성별, 연령, 학력)보다는 정치적 경력(청와대 근무경력/시의원: 선수, 재직시기), 각 선거구에 실제로 적용된 공천방식 및 심사기준(전략공천/당내/시민참여)과 같은 제도적 요인들과 함께 학연이나 중앙당·지역국회의원·현직자 등 외부기관 및 외부 인사들의 영향 등 비공식적 요인들을 고려할 것이다. 예를 들어 해당 선거구의 국회의원들이나 이들을 중심으로 형성된 지역정당 내부의 위계구조는 공천결과에 상당한 영향을 미칠 수 있을 것이다.[6] 이를 위해 이 연구는 각 정당의 광주광역시당 홈페이지에 공개된 관련규정은 물론 주요회의 및 경선 결과 등에 관한 문헌, 그리고 기초단체장 후보자들에 대한 기획기사가 실린 중앙일간지는 물론 일부 지역신문들과 인터뷰 자료 등을 이용하였다.

Ⅲ. 광주광역시의 지역정치

1. 광주광역시의 5개 자치구와 지역구 국회의원

광주광역시의 행정단위는 5개 자치구(自治區)로 구성되어 있다. 이들 가운데 동구는 전남도청이 목포로 이전한 이후 인구가 급속히 감소하고 있는 구도심 지역으로 국립아시아문화전당과 조선대가 위치하고 있으며, 박주선(바른미래당)이 오랫동안 국회의원을 역임하였다. 서구는 광주광역시청 등 주요관공서가 위치하고 있는 지역이면서 민주평화당 소속 송기석(지방선거를 앞두고 의원직 상실, 이번 지방선거에서 실시된 재보궐선거에서 송갑석 선출)과 천정배가 국회의원을 맡고 있었다.

남구는 전문직 종사자들이 거주하는 비교적 고가의 아파트들과 학원가가 위치하고 있으며, 평화민주당 소속 장병완이 국회의원을 맡고 있었다. 이 지역은 다른 지역에 비해서 후보군이 풍부한 지역이다. 북구는 광주역과 전남대, 국립 5.18 묘지가 위치하고 있는 지

6 반면, 일당우위체제하에서 지배적 정당을 포함한 정당들의 후보간 경합구도는 별다른 영향을 미치지 않을 것으로 보인다.

역으로, 민주평화당 소속 최경환과 김경진이 국회의원이다. 광산구는 하남산업단지와 광주공항 및 광주송정역이 위치하고 있으며, 박주선과 함께 바른미래당에 남은 권은희와 김동철이 국회의원이다.

광주지역의 국회의원들은 박주선이나 김동철을 제외하면 비교적 현직 기초단체장들과 정치적 인연이 약했던 것으로 보인다. 천정배나 최경환은 중앙정치에서 영향력을 갖고 있었지만, 지역에는 그다지 강고한 지지기반을 구축하였다고 보기는 힘들다. 천정배는 2015년 서구을 재보궐 선거에 출마하여 광주광역시에서는 처음으로 국회의원에 당선되었으며, 김대중의 '마지막 비서관'이었던 최경환은 지난 20대 총선에서 국민의당 공천을 받아 처음으로 국회의원에 당선되었다. 장병완은 기획예산처 장관을 역임하는 등 오랫동안 중앙정부의 관료를 역임하다가 2010년 재보궐 선거(강운태가 광주광역시장 출마를 위해 국회의원직 사퇴)를 통해 당선된 이후 국회의원을 역임하였다. 권은희 또한 국정원 댓글사건을 폭로하여 주목을 받았지만 경찰간부 출신으로 2012년 재보궐선거(이용섭이 광주광역시장 출마를 위해 국회의원직 사퇴)에서 처음으로 국회의원에 당선되었으며 2016년 총선에서도 이용섭을 누르고 당선되었다. 김경진은 지역에서 꾸준히 활동을 하였지만, 강기정에게 밀려 민주당계 정당의 공천을 받지 못하다가 정치평론가로 활동하며 지명도를 높인 후 국민의당 열풍 속에 국회의원에 당선되었다. 송기석은 광주지법판사 출신으로 사실상 정치신인이었다.

지난 20대 총선을 앞두고 발생한 새정치민주연합 내부의 갈등이 심화되고 국민의당이 창당되는 과정에서 광주지역의 정치엘리트들은 크게 서구갑의 박혜자와 북구갑의 강기정 등 새정치민주연합에 잔류한 국회의원들과 이들을 제외한 나머지 국회의원들로 나뉘어졌다. 이 과정에서 광주시의회 의원들 또한 새정치민주연합 잔류파와 국민의당 입당파로 분리되었다.[7] 비록 이들과 달리 당시 기초단체장들 가운데 당적을 옮긴이는 없었지만, 전남일보 출신으로 노무현정부시절 청와대비서관을 역임하고 광산구청장이 되었던 민형배가 유일하게 더불어민주당과 문재인을 적극 지원한 것으로 알려져 있다. 그 후 2018년 제7회 지방선거를 앞두고 바른미래당이 창당되는 과정에서 박주선의 지원을 받은 것으로 알려졌던 동구의 김성환 구청장(2016년 총선당시 동구청장 재보궐선거에서 국민의당 후보로 당선, 노희용 전임구청장은 불법선거운동으로 당선무효)만이 당적을 국민의당에서 민주평화당으로 옮겼다.[8]

7 광주광역시의회는 지방선거를 앞두고 있던 2018년 4월 25일 현재 정원 22명 가운데 8명(김보현, 임택, 김영남, 문상필, 조오섭 등 이상 5인은 더불어민주당 소속, 이정현, 이은방, 조영표, 이상 3인은 민평당 소속)이 사직하여 14명이 남아있었다. 이들 가운데 7인(조세철, 주경님, 반재신, 전진숙, 김동찬, 서미정, 김용집)이 더불어민주당 소속이며, 3인(유정심, 박춘수, 문태환)이 민주평화당, 1인(김옥자)이 바른미래당, 1인(이미옥)이 민중당 소속이며, 2인(심철의, 김민종)이 무소속이었다. 김민종, 문태환, 박춘수, 심철의, 유정심, 이은방, 이정현, 조영표 등 8인은 국민의당 소속이었으나 바른정당과의 통합과정에서 탈당선언(2018.2.13)을 하였으며, 이들 가운데 6인은 민주평화당 창당에 합류하였다(전원 2018).

8 다른 지역과 마찬가지로 광주광역시에서도 기초단체장은 지역정치의 핵심적 행위자 가운데 하나이다. 지역에서 이들은 국회의원 다음의 정치적 위상을 갖고 있으며, 광역의회 혹은 기초의회의 상위에 위치한다. 이들은 지역구 국회의원에게 종속되지는 않더라도 최소한 긴밀한 협력관계를 형성하고 있는 것으로 보인다.

2. 역대 기초단체장선거 당선자의 특성

<표 1−1>에 정리되어 있듯이 제1회 동시지방선거 이후 제7회 동시지방선거에 이르기까지 광주광역시 기초단체장은 총23명으로, 재선까지 성공한 이는 8명(김재균, 민형배, 박종철, 송병태, 이정일, 전주언, 최영호, 황일봉), 삼선한 이는 2명(송광운, 유태명)이었다(평균 선수는 1.4). 여기서 주목할 만한 점은 무엇보다 당선자들 모두 남성으로 단 한 명의 여성도 없었다는 점과 함께 무소속 2명(제3회 북구 김재균, 제5회 서구 전주언)을 제외하면, 민주당계 정당의 후보였다는 점이다(<부록 1−2> 참조). 이는 열린우리당과 민주당이 경쟁하던 2006년 제4회 동시지방선거시기에서도 마찬가지였으며, 당시 광주광역시에서는 민주당이 모든 기초단체장 선거에서 승리하였다.

〈표 1-1〉 광주광역시 역대 기초단체장 당선자

	제1회 (1995)	제2회 (1998)	제3회 (2002)	제4회 (2006)	제5회 (2010)	제6회 (2014)	제7회 (2018)
동구	*박종철(1)*	*박종철(2)*	*유태명(1)*	*유태명(2)*	*유태명(3)*	*노희용*	임택
서구	*이정일*	*이정일(2)*	*김종식*	*전주언(1)*	*전주언(2)**	*임우진*	서대석
남구	*정두채*	*박용권*	*황일봉(1)*	*황일봉(2)*	*최영호(1)*	*최영호(2)*	김병내
북구	*김태홍*	*김재균*	*김재균(2)**	*송광운(1)*	*송광운(2)*	*송광운(3)*	문인
광산구	*고재유*	*송병태(1)*	*송병태(2)*	*전갑길*	*민형배(1)*	*민형배(2)*	김삼호

* 무소속.

광주광역시의 역대 기초단체장 선거에서 당선된 이들의 평균연령은 54세였으며 최연소 당선자는 제3회 지방선거시기 44세였던 남구의 황일봉이었으며, 최고령 당선자는 제5회 지방선거 시기 66세로 삼선에 성공한 동구의 유태명이었다(<부록 1-2> 참조). 35개의 기초단체장선거 사례(당선자 23명)를 통해 확인한 기초단체장 당선자들의 득표율은 평균 69.2%였다(단일후보로 출마한 4개 사례를 제외하면 당선자 평균득표율은 65.2%). 이들의 직업군은 전직기초단체장 출신을 제외하면, 정당인 출신이 17명으로 가장 많았으며, 교육계 3인, 공무원 2인, 정치인 1인으로 매우 한정된 직업군에서 후보자들이 나왔다. 보다 구체적으로 살펴보면, 현직자를 제외할 경우 시의회 의원 출신이 8명, 공무원 출신이 4명, 청와대 비서진 출신과 부구청장 출신이 각각 3명이었으며, 경제인, 언론인, 구의원 출신이 각각 1명이었다.

각 지방선거에서 광주광역시 기초단체장으로 당선된 이들이 중앙선관위에 제출한 최종학력사항을 통해 확인한 출신대학은 전남대(15명), 조선대(8명), 고려대(4명), 서울대(4명), 광주대(1명), 원광대(1명), 중앙대(1명) 등이었다(1명은 미기재). 그러나 이들 가운데에는 재선 혹은 삼선 등 복수당선에 성공한 이들이 포함되어 있기에 실제 당선자는 총23명으로, 이들 가운데 절반에 가까운 10명이 전남대 출신이었다. 조선대 출신은 유태명(삼선), 황일봉(재선), 전갑길(초선), 고재유(초선), 박종철(재선) 등 5인에 불과하였으며, 서울대 출신은 김종식, 김태홍, 정두채, 노희용 등 4명, 고려대 출신은 송광운(삼선)과 김삼호(초선) 등 2명, 원광대와 광주대 출신은 각각 유태명(삼선)과 최영호(재선) 등 2명, 중앙대 출신은 서대석(초선) 1명이었으며,

나머지는 모두 전남대 출신이다. 더구나 대학원을 조선대, 광주대, 중앙대에서 각각 수학한 황일봉, 최영호, 서대석은 학부가 전남대 출신이며, 조선대에서 수학한 유태명은 원광대 출신이다. 이는 광주광역시 기초단체장 선거를 전남대 출신들이 거의 독식하고 있다는 점을 잘 보여준다. 그리고 이러한 경향성은 점차 강화되고 있는 것으로 보인다. 기초단체장 당선자들의 수는 초기에는 서울대 출신들이 많았지만, 점차 전남대 출신들이 많아졌으며, 조선대 출신은 1회 지방선거에서는 전남대보다 많은 2명이었지만, 제6회 지방선거부터 더 이상 볼 수 없게 되었다.

Ⅳ. 광주광역시 기초단체장 후보공천

1. 더불어민주당 공천지원자 특성 및 후보경선과정

더불어민주당의 기초단체장 후보공천을 신청한 이들의 인구학적 특성을 살펴보면 다음과 같다. 이들은, 첫째, 거의 모두 남성이며, 유력 후보자들은 대체로 정치인 혹은 고위관료 출신이다. 동구의 양혜령과 광산구의 윤난실 등 2명만이 여성이었으며, 정치신인은 거의 없었다. 청년창업가 출신으로 알려진 동구의 강수훈 또한 더불어민주당의 전국청년위원회 문화예술분과 위원장을 맡고 있었다. 둘째, 남구를 제외한 모든 선거구에 시의원 출신이 최소한 한명이상 공천을 신청하였다. 셋째, 후보공천을 신청한 이들 가운데 출신학교로는 전남대 출신의 비율이 높았다. 넷째, 더불어민주당 소속 현직 기초단체장이 공천을 신청한 곳이 서구의 임우진 뿐이었다. 남구의 최영호

구청장과 광산구의 민형배 구청장은 광주광역시장선거출마를 위해 삼선연임을 포기하였고, 북구의 송광운 구청장은 삼선연임 제한으로 재출마가 불가하였다.[9]

제7회 동시지방선거를 앞두고 이루어진 더불어민주당의 광주광역시 기초단체장 후보공천은 동일한 공천규정에 따라 진행되었다. 더불어민주당은 경선을 기본원칙으로 기초단체장 후보들에 대한 토론면접(4. 13~17, 1시간)과 경선(5. 3~4)을 진행하였다. 경선은 권리당원(50%)과 국민선거인단(50%)이 참여하는 ARS투표(5월 3~4)로 진행되었다.[10] 다만, 남구의 기초단체장 후보로는 김병내가 단수후보로 추천되었다(2018. 4. 27). 이는 "공천적합도 조사결과 1위와 2위 후보자의 결과가 20% 이상 차이나는 경우"에 해당하기 때문이었다(더불어민주당 2018).

<표 1-2>에 요약되어 있듯이 후보들 가운데 일부는 감산 혹은 가산제도의 적용대상이 되었다. 동구의 양혜령은 과거 경선불복 경력으로 20% 감산처리되었으며, 서구의 김영남은 10% 감산처리되었다. 이에 반해, 동구의 강신기와 북구의 문인은 정치신인 가산점(10%), 동구의 강수훈은 청년가산점(20%), 광산구의 윤난실은 여성가

9 서구의 임우진 구청장은 2회의 음주운전 이력으로 더불어민주당 후보공천과정에서 탈락하여 결국 무소속으로 출마하였다.

10 바른미래당은 경선을 원칙으로 하지만, "선거전략상 특별한 사유가 있다고 판단된 때에는" 최고위원회가 전략공천을 할 수 있도록 허용하였다(당헌 제64조, 제69조). 바른미래당의 경우 지방선거준비가 늦어졌다. 후보자선출은 공천신청자의 부족으로 거의 대부분이 단수공천되었다. 불과 본선이 두달도 남지 않은 시점인 4월 18일 공고를 통해 공천신청을 받았다. 등록비는 광역의원의 경우 150만원, 기초의원의 경우 100만원이었다. 5월 4일 단수공천을 일부 발표하기도 하였으나, 공천신청자가 부족하여 재공고(4. 28, 5. 5, 5. 11, 5.16)를 통해 지원자를 모집하였다.

〈표 1-2〉 더불어민주당 광주광역시 기초단체장 후보경선결과

지역	후보자	득표율(%)	가/감산비(%)	지역	후보자	득표율(%)	가/감산비(%)
동구	임택	47.3	–	남구	김병내	단수공천	–
	강신기	22.9	10(정치신인)	북구	문 인	39.7	10(정치신인)
	양혜령	20.4	–20(경선불복)		조오섭	34.2	–
	강수훈	7.7	20(청년)		문상필	29.7	–
서구	서대석	44.3	–	광산구	김삼호	52.6	–
	김보현	29.0	–		윤봉근	26.4	–
	김영남	16.3	–10[11]		윤난실	26.3	25(여성)
	김성현	8.6	–		김성현	8.6	–

출처: 더불어민주당(2018) 외 다수.

산점(25%)을 받았다. 가산점제도가 경선결과에 미친 영향은 결코 적지 않았던 것으로 보인다. 대표적으로 북구청장 후보경선에서는 문인이 가산점 덕분에 최종득표율 39.68%를 얻어 2위인 조오섭(34.21%)을 제치고 공천을 받을 수 있었다.

더불어민주당의 기초단체장 공천과정에서 다양한 논란이 제기되었다. 1) 가감점 적용의 공정성: 동구의 양혜령은 경선불복 행위로 감점을 20%나 받았다. 이는 광주광역시장후보로 나선 이용섭이 유사한 사유로 10%만 감점 받은 것과 차이가 있었다.[12] 2) 중앙당과 시도당 결정의 비일관성: 서구의 임우진 구청장은 광주광역시당 공직

11 김영남은 천정배계 인사로 국민의당광주시당 공동위원장을 역임하였지만, 4.13 총선에서 공천에서 탈락한 이후 탈당하며 양향자 지지를 선언하였다.

12 양혜령은 경선결과에 승복하였으나 자신에게 20% 감점을 적용한 것을 비롯한 경선불공정에 대한 이견을 제시하며 탈당하였다(김현 2018).

선거후보자추천관리위원회로부터 후보자격을 인정받았지만, 중앙당 최고위원회가 이를 번복하였다.[13] 그런데 이와는 정반대로 광산구의 김삼호는 광주광역시당 공직선거후보자추천관리위원회가 선거법위반혐의로 후보자격을 박탈하였지만, 중앙당이 이의신청을 받아들여 경선에 참여할 수 있도록 하여 후보공천을 받았다(이상현 2018). 3) 남구의 김병내가 경선 없이 단수공천을 받았다. 이러한 점들은 각각 공천절차의 형평성 논란을 불러일으키는 것이었다.

2. 더불어민주당 후보자 특성

제7회 지방선거에서 더불어민주당의 광주광역시 기초단체장 후보공천은 각 선거구마다 독특한 정치환경 속에서 다양한 방식으로 진행되었다. <표 1-3>에 요약되어 있듯이, 당시 더불어민주당의 공천을 받은 광주광역시 기초단체장 후보들의 특성은 다음과 같다: 이들은 공통적으로 남성이며, 김병내를 제외한 나머지는 50대였다; 그 외에도 정치적인 측면에서 이들은 공통적으로 정당인(시의원, 청와대 행정관, 부구청장)이며, 현직기초단체장이 아니라는 점이 있다; 아울러 이들은 모두 과반을 넘는 득표율로 당선되었다.[14] 후보공천

---

13 더불어민주당은 성범죄 관련 처벌을 받았거나 2회이상 음주운전경력이 있고, 본인의 병역법 위반사실, 조세관련법 위반 등 청와대 고위공직자 인사검증 7대 기준(위장전입, 연구부정, 재산증식 등은 검증이 어렵다는 점을 고려하여 제외)을 적용하기로 하였다. 이에 대해서는 연합뉴스(2018. 1. 24) 참조할 것.

14 광주광역시의 현역 기초단체장 2인 모두 재선에 실패한 것은 이 지역에서 지역우위정당인 더불어민주당 후보의 공천을 받는 것이 얼마나 결정적인가를 보여준다. 민주평화당 소속 후보자들의 경우 현직 국회의원들의 지원이 있었음에도 불구하고 더불어민주당 지지세를 극복하지 못하였다. 이는 시의회 의장출신인 북구의 이은방도 마찬가지였다.

〈표 1-3〉 제7회 광주광역시 더불어민주당 기초단체장선거 후보자의 특성

선거구	동구	서구	남구	북구	광산구
당선자명	임택	서대석	김병내	문인	김삼호
연령	54	56	45	59	52
대표경력	시의원	청와대	청와대	부구청장	청와대
본선 득표율(%)	53.9	66.6	68.9	77.2	75.8
본선당선	o	o	o	o	o
남성	o	o	o	o	o
더불어민주당 소속	o	o	o	o	o
현직자	x	x	x	x	x
정당인	o	o	o	o	o
전남대 출신	o	o	o	o	x

을 받은 이들 가운데 고려대를 나온 광산구의 김삼호를 제외한 4명(80%) 모두 전남대 출신이었다.[15]

이러한 공천결과는 광주광역시의 현실정치가 여전히 남성 중심으로 작동하고 있으며, 예년처럼 단일정당에 의해 지배되고 있을 뿐만 아니라 특정대학 출신이 거의 독점하고 있다는 점을 잘 보여준다. 동구와 서구의 현역구청장인 김성환과 임우진이 모두 고배를 마

15 전남의 기초단체장 당선자들 가운데 전남대 동문은 3명(최형식 담양군수 정치외교, 신우철 완도군수 전남대 수산과학과, 전동평 행정대학원)이며, 조선대 동문은 2명(구충곤 화순군수 공대, 김철우 보성군수 무역학과), 호남대 동문은 4명(이승옥 강진군수 행정학과 대학원, 명현관 해남군수 체육학과 대학원, 김준성 영광군수 산업경영대학원, 이윤행 함평군 행정학과 대학원)이었다. 이들 가운데 명현관과 이윤행은 민주평화당 소속이며, 나머지는 모두 더불어민주당 소속이다(중앙선거관리위원회 역대선거정보).

셨다. 역대 기초단체장 선거 가운데 비민주당계 후보가 당선된 경우는 과거 제5회 동시지방선거에서 서구 구청장 전주언이 공천탈락 이후 무소속으로 출마하여 당선된 것이 유일하다.

3. 더불어민주당의 공천결정요인

1) 정치경력과 전임자의 지원

더불어민주당의 공천을 받은 이들의 경력은 시의원, 관료, 대통령 비서실 출신으로 비교적 단순하였다. 한가지 주목할 만한 사실은 서구의 서대석, 남구의 김병내, 광산구의 김삼호 등 청와대 행정관 혹은 비서관 출신 신청자들이 모두 공천을 받았다는 점이다. 대통령 비서실 출신자들 가운데 공천을 받지 못한 이는 남구에서 김병내와 경합한 최진 외에는 없었다.[16] 시의원 출신의 공천지원자들 모두 이들과 경합하여 패배하였다.

예를 들어 서구의 김보현과 김영남은 재선의 시의원 경력(6·7대)에도 불구하고 압도적인 표차로 청와대 출신인 서대석에게 패배하였다. 유일하게 시의원 출신인 임택이 동구청장 후보로 더불어민주당으로부터 공천을 받았지만 이곳에는 경선에 참여한 대통령 비서실 출신자가 없었다. 북구에서도 청와대 출신 경쟁자가 없는 상황에서 정치신인인 문인이 시의원 재선(6·7대)인 조오섭과 문상필을

16 최진 또한 대통령비서실 행정관 출신이었지만, 현 문재인 대통령이 아니라 노무현 정부시기에 역임한 것이었다. 이는 다수의 인터뷰 사례에서 확인할 수 있는 것처럼 청와대 공직경험이 중요한 정치적 자산으로 작용했음과 동시에 전직보다는 현직 대통령과의 관계가 중요하다는 점을 보여주는 사례이다. 남구의 조성철은 건강상의 이유로, 성현출은 제4회 동시지방선거 당시 공직선거법 위반혐의로 집행유예를 받은 전력 때문에 자진사퇴하였다.

누르고 후보로 선출되었다. 물론 서구나 북구의 경우 복수의 시의원들이 경선에 참여하여 표가 분산된 것도 경선결과에 상당한 영향을 미쳤을 것으로 보인다.

그럼에도 불구하고 이러한 공천결과가 대통령 비서실의 행정관·비서관 출신 여부 때문이었다고 단정하기는 힘들다. 예를 들어 남구의 김병래는 문재인정부 시기에 대통령 비서실 행정관 출신이도 하지만 이와 동시에 여전히 강한 영향력을 이 지역에서 행사한다고 알려진 강운태 전 광주광역시장의 국회의원시절 보좌관 출신이었다는 사실이 공천에 더 큰 영향을 주었을 가능성도 있다. 그러나 최소한 '제왕적 대통령제'하에서 이들의 대통령 비서실 경력이 시의원출신자들에 비해서 권리당원을 포함한 시민들로부터 더 많은 지지를 얻을 수 있도록 만들었던 것으로 보인다. 더구나 문재인 대통령의 국정운영에 대한 높은 지지도가 유지되고 있던 상황에서 그의 '후광효과'가 후보공천 과정에서도 이들에게 유리하게 작동하였다고 볼 수 있다.

시의원 초선 경력의 임택이 후보공천을 받을 수 있었던 이유는 무엇보다 당내에 별다른 경쟁상대가 없었기 때문이었다. 동구는 현직 구청장인 김성환이 유력한 후보로 출마하였지만 더불어민주당이 아니라 경쟁상대인 민주평화당 후보로 출마한 지역이었다. 그의 당내 경쟁자였던 강신기는 광주광역시 관료출신이었지만 별다른 주목을 받지 못하였다. 임택과 달리 문인은 현직 북구청장인 송광운의 1기(2006~2010) 시절 부구청장을 역임하였던 점을 고려하면 행정실무자로서의 경력을 인정받았을 뿐만 아니라 송광운의 정치적 지원을

〈표 1-4〉 더불어민주당 광주광역시 기초단체장 공천지원자 I

지역	후보자	대표 경력	학력	경쟁후보	주요경력
동구	임택	시의원	전남대 불문, 정외(박과)	김성환	광주시의원(7대)
	강신기	관료 (행시 34회)	전남대 정치외교학	(현구청장, 민평당)	문화체육관광부와 행정안전부, 광주시 관료
	양혜령	치과의사, 5대 시의원	전남대 치대, 행대(수)		동구치과의사회장, 문재인 캠프 '치의료특별위원장'
	강수훈	청년창업가	전남대 법대, 법학(석수)		청년문화기획사 스토리박스 대표, 민주당 전국청년위 문화예술분과위원장
서구	서대석	청와대	전남대 독문, 중앙대 지역사회 개발학 (석사)	임우진 (현구청장, 무소속)	광주과학기술진흥원 원장, 노무현 대통령 비서관
	김보현	시의원	전남대 인문대, 연세대 행대		경실련 및 순천 YMCA 활동, 국회의원보좌관, 시의원(6·7대)
	김영남	시의원	전남대 독문	이성일 (민평당)	시의원(6·7대), 전남대 총동문회 상임이사
	김성현	시당	조선대 대학원 (행정학)		전 광주시당 사무처장
	임우진	*현직 서구청장*	*전남대 행정학 (박사)*	*무소속 출마*	*(전)광주광역시 행정부시장*

<table>
<tr><td rowspan="6">남구</td><td>김병내</td><td>청와대 행정관</td><td>광주대 경제학,
전남대 행대(석과)</td><td></td><td>전 청와대 행정관</td></tr>
<tr><td>조성철</td><td>대통령 직속
지역발전위원회
자문위원</td><td>조선대
(박사과정)</td><td>김병내
지지</td><td>(현) 대통령직속 북방경제협력위원회 전문위원(전) 대통령직속 지역발전위원회 자문위원</td></tr>
<tr><td>성현출</td><td>평통 부회장</td><td>조선대 이학
(박사)</td><td>김병내
지지</td><td>(전) 문재인 광주 조직특보(현) 광주남구 민주평화통일자문회의 부회장</td></tr>
<tr><td>임형진</td><td>금융</td><td>조선대 경영학
(박사)</td><td></td><td>(전)문재인광주선대위원장 (전) 광주신용보증재단 이사장</td></tr>
<tr><td>정재수</td><td>도시철도</td><td>호남대 법학
(박사)</td><td></td><td>(전) 문재인 후보 광주 선대부위원장(전) 광주도시철도공사 경영본부장</td></tr>
<tr><td>최진</td><td>청와대 행정관</td><td>고려대 행정학
(박사)</td><td>무소속
출마</td><td>(전) 문재인 후보 광주 선대위원장(전) 청와대 행정관</td></tr>
<tr><td rowspan="4">북구</td><td>문 인</td><td>행정부시장</td><td>한양대토목공학
(학석사)전남대토
목공학(박사)</td><td>이은방
(민평당)</td><td>광주광역시 북구 부구청장,
행정부시장</td></tr>
<tr><td>조오섭</td><td>시의원(6·7대)</td><td>전남대 신문방송학</td><td></td><td>(전)제7대 광주시의회 더불어민주당 대표의원 (현)더불어민주당 중앙당 정책위원회 부의장</td></tr>
<tr><td>문상필</td><td>시의원(6·7대)</td><td>전남대 행대
(석사), 동신대
사회복지학(석사)</td><td></td><td>(전)제6대,제7대 광주시의회 의원, (현)더불어민주당사회적경제위원회 부위원장</td></tr>
<tr><td>김상훈</td><td>구의원
(7대 의장)</td><td>동강대
컴퓨터정보과,
호남대 신문방송학</td><td>조오섭
지지</td><td>(전)제5.6대 북구의회 의원,
(현)제7대 북구의회 의장</td></tr>
</table>

광산구	김삼호	청와대	고려대 사학, 한양대 지역행대(석과)	이정현 (시의원, 민주 평화당)	(전)노무현대통령 청와대 행정관(현)노무현재단광주지역위원회공동대표
	윤봉근	시의원	조선대 행정학(박사) 전남대 행대		전교조 해직교사, 광주시교육의원(의장)·서구의원·광주시의원(의장)
	윤난실	민주노동당	광주교대 중퇴, 방통대 행정학		민주노총 기획국장, 민주노동당 광주시의원, 광산구공익활동지원센터장

이탤릭체는 경선 이전 사퇴한 후보, 석과/박과는 학위과정, 수: 수료, 행대: 행정대학원.
출처: 광주인(www.gwangjuin.com)의 '6·13지방선거 후보 탐구' 외 다수.

받았다고 볼 수 있다(강경남 2018). 이처럼 더불어민주당의 구청장 후보로 선출된 이들 가운데 문인뿐만 아니라 광산구의 김삼호 또한 노무현정부시절 청와대 행정관을 역임하며 맺은 인연으로 민형배가 구청장인 광산구의 시설관리공단 초대 이사장을 역임한 바 있으며, 후보공천과정에서도 그의 지원을 받았을 것으로 보인다. 그는 윤봉근이 김영록, 임한필, 장성수 등과 후보단일화를 추진하였음에도 불구하고 52.6%의 득표율로 공천을 받는 데 성공하였다.

2) 학연

그동안 상당수의 연구들은 지방정치를 주도하는 지방의회의원이나 자치단체장의 학력을 통해 이들의 전문성을 측정하고자 하였다. 하지만 이들의 학력은 전문성 외에도 이들이 선거구민들의 지지를 얻기 위해 동원할 수 있는 학연을 보여주는 지표라고 할 수 있다.

〈표 1-5〉 제7회 광주광역시 더불어민주당 기초단체장선거 공천지원자 II

동구	공천신청	임택	강신기	양혜령	강수훈		
	청와대	x	x	x	x		
	시의원	o	x	x	x		
	전임자 지원	x	x	x	x		
	전남대	o	o	o	o		
	당외 경쟁	o	o	o	o	*김성환(민평당)*	
	현직자	x	x	x	x		
서구	공천신청	서대석	김보현	김영남	김성현	임우진	
	청와대	o	x	x	x	x	
	시의원	x	o	o	x	x	
	전임자 지원	x	x	x	x	–	
	전남대	o	o	o	x	o	
	당외 경쟁	x	*x*	*x*	*x*	–	
	현직자	x	x	x	x	o	
남구	공천신청	김병내	*조성철*	*성현출*	*임형진*	*정재수*	*최진*
	청와대	o	*x*	*x*	*x*	*x*	o
	시의원	x	*x*	*x*	*x*	*x*	*x*
	전임자 지원	o	*x*	*x*	*x*	*x*	*x*
	전남대	△	*x*	*x*	*x*	*x*	*x*
	당외 경쟁	x	*x*	*x*	*x*	*x*	–
	현직자	x	*x*	*x*	*x*	*x*	*x*

북구	공천신청	문 인	조오섭	문상필	김상훈	
	청와대	x	x	x	x	
	시의원	x	o	o	△	
	전임자 지원	o	x	x	x	
	전남대	△	o	△	x	
	당외 경쟁	o	o	o	o	*이은방(민평당)*
	현직자	x	*x*	*x*	*x*	
광산구	공천신청	김삼호	윤봉근	윤난실		
	청와대	o	x	x		
	시의원	x	o	△		
	전임자 지원	o	x	x		
	전남대	x	△	x		
	당외 경쟁	o	o	o		*이정현(시의원, 민주평화당)*
	현직자	x	*x*	*x*		

이탤릭체는 더불어민주당 외부의 유력 경쟁자.[17]
△: 학부 이외의 교육을 전남대에서 받은 경우; 현역이 아닌 전임 시의원인 경우.

지방선거에 참여하는 이들은 단순히 전문역량의 강화보다는 학연을 확대하는 수단으로 대학이나 대학원에 지원하는 경향이 있다는 사실을 고려할 필요가 있다. 진학은 행정능력을 제고할 수 있는

17 선거결과 더불어민주당 후보들 외에 10% 이상 득표에 성공한 이로는 동구의 김성환(40.4%, 민주평화당), 서구의 임우진(33.4%, 무소속), 남구의 최진(20.4%, 무소속), 북구의 이은방(22.8%, 민주평화당), 광산구의 이정현(15.6%, 민주평화당)뿐이었다. 이들 가운데 임우진과 최진의 경우에는 더불어민주당의 공천을 받지 못하여 무소속으로 출마한 이들이었다.

수단임과 동시에 학연을 넓힐 수 있는 수단이다. 고졸 학력의 정치 지망생들은 대학을 진학하려 하고, 대졸 학력자들은 대학원으로 진학하는 등 학력을 높이기 위한 상향식 이동과 함께 전공을 바꾸지 않더라도 자신이 졸업한 대학이 아닌 타대학으로 수평적 이동을 선택할 수 있다. 예를 들어, 타지에서 대학을 다닌 이들은 광주소재 대학에 진학하고, 전남대를 나온 이들은 졸업생 수가 많은 조선대에 진학하고, 조선대 출신은 반대로 전남대에 진학하여 자신의 학연을 확대하려고 한다. 그리고 이 때 이들은 수업관리가 엄격한 일반 학부 대신, 교수들의 재량권이 폭넓게 인정되는 대학원, 특히 행정대학원 등 특수대학원(정책대학원, 경영대학원) 등을 활용할 수 있다.

<표 1-5>에 잘 나타나듯이 더불어민주당의 기초단체장 공천 지원자들 가운데 상당수가 전남대 출신이다. 특히, 동구의 경우 공천 지원자 4명 모두 전남대 출신이다. 이는 조선대가 동구에 위치하고 있다는 점을 고려하면 주목할 만한 것이다.[18] 서구의 경우에는 5명의 공천지원자 가운데 중소상공인 출신으로 광주시당 사무처장을 역임한 김성현을 제외한 4명 모두 전남대 출신이다. 북구의 경우 조오섭은 물론 문인(한양대 졸, 전남대 박사)과 문상필(전남대 행정대학원) 등 4명의 공천지원자 가운데 3명이 전남대 출신이다. 남구는 김병내(광주대 졸, 전남대 행정대학원), 광산구에는 문상필(광주대 졸, 전남대 행정대학원)만이 전남대 출신이다.[19]

---

18 광주광역시에서 소위 '386세대'에 해당하는 이들 가운데 전남대 출신은 주로 '민주당계' 정당에, 조선대 출신은 주로 '민중당계' 정당에 참여한 것으로 알려져 있다.

19 다른 정당의 후보들을 보더라도 동구의 민주평화당 김성환도 전남대(경제학과), 바른미래당 김영우는 조선대(유전자공학, 자치행정석사), 북구의 이은방

3) 후보공천 결정요인분석

<표 1-6>은 <표 1-5>에서 확인한 정치적 자원요소들 가운데 당외요인을 제외하고 합산(조건부합 o: 1, 부적합 x: 0; 제한적으로 부합 △: 0.5; 변이: 0~5)한 것이다. 여기서 확인할 수 있는 것은 서구와 북구의 경우 가장 높은 점수를 받은 이들 가운데 일부가 실제로 공천을 받지 못하였다는 것이다.

하지만 이 점수는 정치적 경력 가운데 청와대 근무경력과 시의원 경력에 대하여 동일한 점수를 부여한 것이다.[20] 청와대 경력이나 행정경력의 중요성을 고려하여 각각 1점과 0.5점을 가산하면 실제

〈표 1-6〉 제7회 광주광역시 더불어민주당 기초단체장선거 공천지원자 III

동구	합계	서구	합계	남구	합계	북구	합계	광산구	합계
임택	2	서대석	2 (3)	김병내	2.5 (3.5)	문 인	1.5 (2.5)	김삼호	2 (3)
강신기	1	김보현	2	조성철	0	조오섭	2	윤봉근	1.5
양혜령	1	김영남	2	성현출	0	문상필	1.5	윤난실	0.5
강수훈	1	김성현	0	임형진	0	김상훈	05		
		임우진	1	정재수	0				
				최진	1				

( ) 안의 수는 청와대 경력에 가중치를 둔 경우.

도 전남대(행정대학원)에 진학하였다.

20 이 표에 포함된 더불어민주당 기초단체장 공천지원자 22명 가운데 청와대 비서관 혹은 행정관 출신이 4명, 현직 시의원은 6명, 전직 시의원은 2명이었다. 이들 가운데 전남대 출신은 13명(9명 학부출신, 4명은 대학원)에 달한다.

〈표 1-7〉 기초단체장 후보공천에 미치는 요인

	후보공천			
	실패	성공	전체	Pearson x^2 (1)
청와대 근무경력 무	16	2	18	
	88.9	11.1	100.0	
유	1	3	4	7.61**
	25.0	75.0	100.0	
전체	17	5	22	
	77.3	22.7	100.0	
시의원 무경력	10	4	14	
	71.4	28.6	100.0	
경력	7	1	8	0.75
	87.5	12.5	100.0	
전체	17	5	22	
	77.3	22.7	100.0	
전임자 지원 무	16	2	18	
	88.9	11.1	100.0	
유	0	3	3	
	0.0	100.0	100.0	11.20**
전체	16	5	21	
	76.2	23.8	100.0	
전남대 재학 무	8	1	9	
	88.9	11.1	100.0	
유	9	4	13	1.17
	69.2	30.8	100.0	
전체	17	5	22	
	77.3	22.7	100.0	
비현직자	16	5	21	
	76.2	23.8	100.0	
현직자	1	0	1	0.31
	100.0	0.0	100.0	
전체	17	5	22	
	77.3	22.7	100.0	

** $p.<0.01$.

후보공천을 받은 이들의 점수가 각 선거구에서 모두 최상위가 된다. 시의원 출신공천자들이 경합을 벌인 것에 대한 감점을 부여할 경우에도 그 결과는 마찬가지였다. 이러한 코딩방법을 이용할 경우 <표 1-7>에 잘 나타나는 바와 같이 통계적으로 유의미하게 후보공천에 영향을 미치는 요인은 청와대 근무경력과 전임자의 지원이며, 시의원 경력이나 현직자 여부, 그리고 전남대 여부는 공천 여부에 별다른 영향을 주지 않는 것으로 나타났다.

V. 결 론

지역정치에 대한 연구에서 연구의 범위를 한국의 모든 지역을 포괄하는 것이 필수적인 것은 아니다. 물론 연구의 대상을 확장함으로써 일반화 가능성을 높이려는 방법론을 따르는 한국정치학계 주류의 시도는 분명히 의미가 있으며, 교차국가연구로 지역정치의 연구범위를 더욱 넓히려는 시도 또한 필요하다고 할 수 있다. 하지만, 그와 함께 간과해서는 안되는 것은 지역별로 특수하게 작동하는 지역정치의 현황에 대한 정교한 묘사를 추구하는 연구 또한 중요하다는 사실이다. 그럼에도 불구하고, 이러한 노력이 그동안 과도하게 저평가되면서 정치학의 영역에서 급속히 위축되어 왔다. 그리고 이 점을 고려한다면 단순히 법칙정립적 설명만이 아니라 개별사례적 설명(idiographic explanation)을 위한 연구가 보완될 필요가 있다.

이러한 문제의식을 바탕으로 이 연구는 지역주의가 강하게 작동하는 호남지역, 특히 광주광역시의 기초단체장 선거를 사례로 지역엘리트 충원과정에 대한 분석을 시도하였다. 아울러 이 연구는 지역사례에 대한 분석이 자칫 정태적이지 않고 '정태적'이거나 '비비교적'이지 않도록 지역내부의 다양성에 주목하고 선거구별 지역정치에 대한 비교분석을 포함하였으며, 이론적 함의를 도출하기 위해 노력하였다. 이를 통해 이 연구는 기존의 연구들이 밝혀낸 것처럼 광주광역시의 기초단체장 선거에 남성, 고학력층, 광주시의회를 비롯한 정당인 출신 등에 편중되어 있다는 사실을 확인할 수 있었다.

그런데 이보다 더 흥미로운 것은, 첫째, 공천지원자들의 대통령비서실 근무경력이 더불어민주당의 후보공천에 매우 긍정적인 영향을 미치는 것으로 나타났다는 점이다: 대통령 비서실 근무경력이 있는 지원자가 없는 동구와 북구를 제외한 세 곳 모두 예외 없이 이들이 기초단체장 후보가 되었다. 이에 비해 현직 시의원 경력은 후보공천에 별다른 영향을 미치지 못한 것으로 나타났다. 시의원들이 경선에 참여하였지만 임택을 제외하면 아무도 공천을 받지 못하였다. 물론 이러한 결과가 나타난 데에는 서구와 북구를 비롯한 선거구에서 시의원 출신 공천지원자들이 효율적인 선거연합을 성사시키지 못한 데에서도 원인을 찾을 수 있다. 둘째, 전남대를 비롯한 특정대학 출신이 기초단체장을 거의 독점하게 되었다는 점이다. 제1회 지방선거당시만 하더라도 당선된 기초단체장 가운데 전남대 출신은 단 한 명에 불과하였으며, 지역사립대학인 조선대와 서울대 출신이 각각 2명으로 더 많았다. 하지만 점차 그 비율이 늘어나 제7회 지방선거에서 전남대 출신 기초단체장 당선자는 4명에 달하였다. 이는 광주광역시와 같은 일당우위체제를 주도하는 지역정당의 공천을 받기 위한 치열한 경쟁과정에서 기초단체장 후보들이 동원할 수 있는 주요한 자원은 청와대 근무경력이나 정치적 인연을 매개로 형성된 현직기초단체장과의 유대관계와 정치적 지원, 그리고 학연이었다는 주장이 근거가 없지 않았음을 보여주는 것이라고 할 수 있다.

이번 지방선거에서도 광주광역시 기초단체장의 충원은 '민주당계' 정당인 더불어민주당 소속 여부가 결정적인 영향력을 행사하였으며, 이 정당의 공천 여부가 사실상 본선결과를 결정지었다고 볼 수 있다. 이곳에서 사실상 무소속이나 다른 정당의 후보로 출마하는 것은 거의 의미가 없었다고 할 수 있다. 반면, 그동안 많은 선행연구들이 주목해왔던 성별이나 학력과 같은 인구학적 요인들은 광주광역시 더불어민주당의 기초단체장 후보선출에는 별다른 영향을 미치지 않는 것으로 나타났다. 이는 이 지역에서 애초에 여성이나 저학력자의 경우 기초단체장에 지원조차 하지 않았기 때문이라고 볼 수 있다.

그러나 이번 지방선거는 광주광역시의 지역정치가 어떻게 변화하였는지도 잘 보여준다. 이번 지방선거를 앞두고 민주평화당이 아닌 더불어민주당의 높은 지지율로 인해 지역정치엘리트들의 급속한 이동이 나타났다. 이는 공천지원자의 수가 양당 사이에 현격히 차이가 있었다는 점에서도 확인할 수 있다. 그리고 이러한 변화는 비록 이번 지방선거에서도 단일정당이 기초단체장을 비롯하여 지방의회와 광역단체장을 거의 독식하였지만, 다음 선거에서는 이 지역 유권자들이 다른 정당을 선택할 수 있다는 점을 지난 국회의원 선거에 이어 다시 한번 보여주었다는 점에서 지역정치의 '민주적 책임성'을 강화하는 정치적 계기를 마련하였다고 볼 수 있다. 그 외에도 주목할 점은 이번 선거에서는 기초단체장에 당선된 이들 가운데 단 한명도 연임자가 없었다는 점이다. 이는 현직 기초단체장의 선거경쟁력이 약화되었기 때문이라기보다 과거에는 지역구 국회의원의 도전대상이었던 광주광역시장에 기초단체장 2명이 도전하는 등 기초단체장의 위상이 높아지면서 지역정치에서 나타난 새로운 현상이라고 할 수 있다.

그러나, 이번 기초단체장선거를 포함한 지방선거과정에서 드러난 공천갈등은 그동안 정당들이 추진해온 공천과정의 민주화가 여전히 한계가 있음을 보여준 것이라고 할 수 있다. 다른 정당들과 마찬가지로 더불어민주당 또한 일관성 없는 평가로 인해 공정성시비를 자초하였으며, 이는 공천과정에 지역구 국회의원들과 중앙당 및 청와대가 과도한 영향력을 행사해온 과거의 관행이 여전히 사라지지 않고 있기 때문이라고 볼 수 있다(장수찬 2006).

〈부록 1-1〉 주요정당들의 기초단체장 후보관련 당헌 규정

정당	당헌규정
더불어 민주당	제91조(자치구청장·시장·군수선거후보자 추천) ① 자치구청장·시장·군수선거후보자(이하 본조에서 "후보자"라 한다)는 시·도당공천관리위원회가 심사하여 2명 이상으로 선정하고 경선방법을 마련한다. 단, 당규로 정하는 사유가 있는 때에는 그 사유를 명시하여 단수로 선정할 수 있고, 이 경우 해당 지역위원장은 공천관리위원회에 참석하여 의견을 개진한다. ② 후보자가 단수로 선정된 때에는 시·도당상무위원회 및 최고위원회의 의결과 당무위원회의 인준으로 추천이 확정된다. ③ 후보자가 2명 이상으로 선정된 때에는 후보자 및 경선방법에 대한 시·도당상무위원회의 의결과 경선을 거쳐 최고위원회의 의결 및 당무위원회의 인준으로 추천이 확정된다. ④ 제2항과 제3항에 있어서 최고위원회는 시·도당상무위원회의 의결사항에 대해 수정의결을 할 수 없다. ⑤ 당대표는 제1항부터 4항에도 불구하고 전략공천위원회의 심사결과에 기초하여 해당 시·도당과 협의를 거쳐 선거전략상 특별히 고려가 필요한 선거구(후보자를 포함한다)를 선정하고 최고위원회의 의결과 당무위원회의 인준으로 추천을 확정할 수 있다. 이 경우 전략 선거구 수는 시·도별 해당 자치구·시·군의 장의 수가 10명 이하는 1, 11명 이상 20명 이하는 2, 21명 이상은 3으로 한다. ⑥기타 필요한 사항은 당규로 정한다.

민주평화당	당헌 제98조(자치구청장·시장·군수선거후보자 및 광역·기초자치단체의원선거 후보자 추천) ① 자치구청장·시장·군수선거후보자 및 광역·기초지방자 치단체의원선거후보자 선출은 해당 시·도당이 관장하되 제96조(지역구국 회의원선거후보자 및 시·도지사선거후보자 추천)제1항 및 제4항을 준용한다. 이때 2인 이상 선거구에서 복수 후보자를 추천하는 경우에는 후보자 중 일부에 대해서는 경선을 실시하고 일부에 대해서는 경선 없이 단수로 추천할 수 있다. ② 후보자가 추천되면 최고위원회의 인준으로 확정된다. ③ 시·도당이 후보자를 추천하지 아니하는 경우에는 최고위원회 의결로 확정할 수 있다.
바른미래당	제69조(자치구청장·시장·군수선거후보자 및 광역·기초자치단체의원선거후보자 추천) ① 자치구청장·시장·군수선거후보자 및 광역·기초지방자치단체의원선거후보자의 추천은 시·도당 공천관리위원회가 관장한다. ② 제1항의 규정에도 불구하고 시·도당 공천관리위원회가 구성되지 아니하거나 시·도당 공천관리위원회가 요청하는 경우는 중앙당 공천관리위원회가 관장하고, 시·도당이 후보자를 추천하지 아니하는 경우에는 최고위원회의 의결로 확정할 수 있다. ③ 선거전략상 특별한 사유가 있다고 판단된 때에는 최고위원회 의결로 중앙당 공천관리위원회가 관장할 수 있다. 이 경우 중앙당 공천관리위원회는 당규가 정하는 바에 따라 우선추천지역을 선정할 수 있다. ④ 시·도당 공천관리위원회의 후보자 추천은 시·도당 운영위원회의 의결을 거쳐 최고위원회의 의결로 확정된다. ⑤ 기타 필요한 사항은 당규로 정한다.

정의당	제58조(각급 공직후보자 선출) ① 각급 공직후보자는 당원들의 직접투표로 선출하되, 국민, 지지자의 참여 및 의사를 반영하여 선출할 수 있다. 단, 단수의 후보자는 당원들의 직접투표로 선출한다. ② 각급 공직후보자의 선출방법 등 필요한 세부사항은 당규로 정한다.

출처: 각 정당의 홈페이지.

〈부록 1-2〉 광주광역시 역대 기초단체장 선거 당선자

선거	사례	선거구	당선자명	소속정당	선수	연령	직업	대학	득표율
1	1	동구	박종철	민주당	1	60	정당인	조선대	81.5
1	2	서구	이정일	민주당	1	49	호남대학교 시간강사	전남대	82.4
1	3	남구	정두채	민주당	1	56	정당인	서울대	77.8
1	4	북구	김태홍	민주당	1	52	정치인	서울대	84.0
1	5	광산구	고재유	민주당	1	57	대학강사	조선대	91.7
2	6	동구	박종철	새정치 국민회의	2	63	공무원	조선대	100.0
2	7	서구	이정일	새정치 국민회의	2	51	공무원	전남대	100.0
2	8	남구	박용권	새정치 국민회의	1	47	화신상호 신용금고 사장	미기재	72.1
2	9	북구	김재균	새정치 국민회의	1	45	정당인	전남대	100.0
2	10	광산구	송병태	새정치 국민회의	1	59	정당인	전남대	86.0
3	11	동구	유태명	새천년 민주당	1	58	정당인	원광대	57.5
3	12	서구	김종식	새천년 민주당	1	54	정당인	서울대	67.5
3	13	남구	황일봉	새천년 민주당	1	44	국회의원 강운태 보좌관	조선대	46.9
3	14	북구	김재균	무소속	2	49	북구청장	전남대	56.5

3	15	광산구	송병태	새천년 민주당	2	63	광주광역시 광산구청장	전남대	100.0
4	16	동구	유태명	민주당	2	62	광주광역시 동구청장	조선대	53.5
4	17	서구	전주언	민주당	1	58	정당인	전남대	43.2
4	18	남구	황일봉	민주당	2	48	정무직 공무원 (남구청장)	조선대	51.0
4	19	북구	송광운	민주당	1	52	정당인	고려대	52.8
4	20	광산구	전갑길	민주당	1	48	정당인	조선대	36.8
5	21	동구	유태명	민주당	3	66	동구청장	조선대	51.0
5	22	서구	전주언	무소속	2	62	광주광역시 서구청장	전남대	40.3
5	23	남구	최영호	민주당	1	45	정당인	전남대	52.8
5	24	북구	송광운	민주당	2	56	광주광역시 북구청장	고려대	73.0
5	25	광산구	민형배	민주당	1	48	대학교수 (동신대)	전남대	55.0
6	26	동구	노희용	새정치 민주연합	1	51	광주 동구청장	서울대	71.2
6	27	서구	임우진	새정치 민주연합	1	61	정당인	전남대	70.0
6	28	남구	최영호	새정치 민주연합	2	49	광주광역시 남구청장	호남대	73.0
6	29	북구	송광운	새정치 민주연합	3	60	광주광역시 북구청장	고려대	67.3
6	30	광산구	민형배	새정치 민주연합	2	52	자치구청장	전남대	83.4

7	31	동구	임택	더불어 민주당	1	54	정당인	전남대	53.9
7	32	서구	서대석	더불어 민주당	1	56	정당인	중앙대	66.6
7	33	남구	김병내	더불어 민주당	1	45	정당인	전남대	68.9
7	34	북구	문인	더불어 민주당	1	59	정당인	전남대	77.2
7	35	광산구	김삼호	더불어 민주당	1	52	정당인	고려대	75.8
–	–	–	평균	–	1.4	54	–	–	69.2

출처: 중앙선거관리위원회 역대선거통계.

참고문헌

강경남. 2018. “[6·13지방선거 후보 탐구] 광주 북구청장” 광주드림. 4/27. http://www.gjdream.com/v2/news/view.html?news_type=201&uid=487202

김현. 2018. 양혜령 “민주당 불공정 경선…탈당” 광주드림. 05-08. http://www.gjdream.com/v2/news/view.html?uid=487439

더불어민주당. 2018. “더불어민주당 공지문:(공지) 더불어민주당 광주광역시당 공직선거후보자추천관리위원회 심사결과 발표 (기초단체장 단수 추천 지역 및 후보자 발표).”(광주광역시당 홈페이지. 4. 27) http://www.kjminjoo.kr/board03_02/4253

박명호·한기영. 2011. 한국 지방정치 엘리트 충원의 계속성과 변화에 관한 시론(試論). 한국정당학회보, 10(2), 93-131.

신원득·좌승희. 2009. 지방의원선거제도와 지방자치역량에 관한 연구. 경기연구원 기본연구,1-1.

연합뉴스. 2018. “민주당, 지방선거 준비 돌입…‘현역의원 기초단체장 출마 금지’” 프레시안. 2018. 1. 24. http://www.pressian.com/news/article.html?no=183799#09T0

이상묵. 2008. 지방선거제도 변화와 지방정치엘리트의 충원양상. 한국행정학보, 42(1), 123-147.

이상현. 2018. “임우진 광주 서구청장, 더민주 경선 ‘배제’” 광주인. 3. 30. http://www.gwangjuin.com/news/articleView.html?idxno=99367

장세훈. 2010. 지방자치 이후 지역엘리트의 재생산 과정. 경제와 사회,

162~198.

장수찬. 2006. 중앙정치와 지역정치의 유착과 재생산. 시민과 세계, (9), 46~59.

전용주. 2011. 한국 정당 엘리트의 사회경제적 배경 비교 연구. 21세기정치학회보, 21(3), 329~349.

전용주·차재권·임성학·김석우. 2011. 한국 지방 정치엘리트와 지방 정부 충원. 한국정당학회보, 10(1), 35~69.

전원. 2018. "'安 사기극 동참 못해' 국민의당 지방의원 21명 탈당." 뉴스원. 02－13. http://news1.kr/articles/?3235169&netizen

주용학. 2007. 민선4기 지방선거 결과 분석 및 정책적 함의. 한국지방자치학회보, 19(1), 29~51.

한승조. 1975. 한국 정치엘리트의 충원유형(1) －이정권과 박정권엘리뜨의 비교－. 아세아연구, 18(2), 1~47.

황아란, 서복경. 2014. 지방 선출직 공직자의 경력 상향이동에 관한 연구. 한국정당학회보, 13(2), 165~192.

황아란. 2007. 지방의원 선거의 여성참여와 정당공천. 21세기정치학회보, 17(1), 87~108.

황아란. 2015. 한국 지방선거의 특징과 현직의 직·간접적인 효과. 지방정부연구, 19(3), 365~386.

황아란. 2016. 역대 지방선거의 통시자료 분석을 통한 2014년 동시지방선거의 변화와 지속성. 지방정부연구, 20(1), 287~305.

황아란. 2017. 국회의원선거와 현직의 직·간접적인 효과. 한국정치학회보, 51(4), 123~146.

황아란·서복경. 2014. 지방 선출직 공직자의 경력 상향이동에 관한 연구. 한국정당학회보, 13(2), 165~192.

제 2 장 동구: '경쟁' 없는 선거경쟁

CHAPTER

02 동구: '경쟁' 없는 선거경쟁

박성용, 신혜영, 박지훈, 심승미

Ⅰ. 서 론

비록 국회의 문턱을 넘어서지는 못했지만 2018년 문재인 대통령이 발의한 개헌안은 지방분권 측면에서 지방정부 권한의 획기적 확대와, 주민 참여 확대를 추구하고 있다는 점에서 주목할 만하다. 무엇보다도 헌법 전문과 제1조에 지방분권을 명시하겠다고 표명한 것은 국가 운영의 기본방향이 지방분권에 있음을 분명히 한 것으로 향후 입법과 정부 정책에 있어서도 큰 변화가 불가피할 것으로 예측할 수 있다. 따라서 이처럼 지방분권에 관한 논의가 활발해지고 있는 시점에 실시된 제7회 지방선거 또한 많은 이들의 관심을 끌 수밖에 없었다.

본 연구는 광주광역시 동구의 기초단체장선거를 중심으로 각 정당의 후보공천과 지역이슈를 반영한 공약 및 선거운동과정을 분석하였다. 그리고 이를 통해 지역정치의 작동방식에 관한 이해를 제고하고, 나아가 지역정치를 활성화하고 시민들의 주체적인 정치 참여를 촉진할 수 있는 방안을 제시하고자 하였다. 이를 위해 이 연구는 후보자들과의 심층인터뷰와 참여 관찰을 통해 광주 동구의 지역정치가 어떻게 작동하는지를 분석할 것이다. 이 연구의 분석대상은 제7회 6.13 전국동시지방선거 가운데 광주 동구청장 선거이며, 시간적 범위는 각 정당(더불어민주당, 민주평화당, 바른미래당)별 후보자 선출을 위한 경선부터 본 선거의 종료시기까지이다. 심층인터뷰는 각 후보자들에 대한 대면 및 서면 인터뷰를 통해 다양한 이슈들에 대한 후보자들의 견해나, 일반 언론 매체를 통해 알아내기 어려운 정보를 수집하는 데 주목했다.[1] 인터뷰 대상은 더불어민주당의 임택, 민주평화당 김성환 등 동구청장 후보와 바른미래당의 양혜령 광역의원 후보(인터뷰 당시 더불어민주당 동구청장 예비 후보), 민주평화당의 홍기월 동구의원 후보를 선정했다. 김성환, 양혜령, 홍기월은 대면 인터뷰를 진행했으며 임택은 이메일을 통한 서면 인터뷰로 진행하였다. 바른미래당 김영우 동구청장 후보에게도 서면 인터뷰를 요청했으나 후보자의 일정상 성사되지 않았다. 아울러 후보자들의 선거운동 과정을 참관하며 각 후보자의 의사소통 방법, 표현 양식, 지식 등에 관한 자료를 수집하고 비교분석하였다. 본 연구는 기존 연구에서 지방선거와 지역정치에 관련된 논의가 미흡하다는 점에 착안하여 참여관찰을 통한 경험적 연구의 필요성을 느껴 추진하였다(김용호 2011).

1 인터뷰 과정은 사전에 전화를 통해 인터뷰의 목적에 대해 설명하고 미리 질문지를 후보자 측에 전송한 후, 인터뷰를 하기 전 동의하에 녹음을 하고 텍스트 작성 후 인터뷰 내용을 정리했다. 추가로 후보자들의 정책 자료집과 선거 공보를 비교분석했다. 인터뷰 방식에 대한 연구는 홍용희(1988, 115~119) 참조.

Ⅱ. 역대 동구청장 선거결과 및 후보공천과정

광주광역시 동구는 금남로와 전남구도청이 위치한 5.18 민주화 운동의 발생지이고 민주화의 성지라는 상징성을 가지고 있는 지역이며, 이런 점에서 동구는 호남 정치의 1번지라고 할 수 있다. 최근 헌법 개헌안 전문에 5.18 민주화 운동을 4.19 혁명과 6.10 민주화항쟁 등과 함께 포함시켜야 한다는 움직임이 부상하면서 동구의 역사적 의미를 더하고 있다고 볼 수 있다. 그러나 역설적으로 동구는 민선 3~5기 유태명 전 구청장과 민선 6기 노희용 전 구청장이 공직선거법 위반과 뇌물수수 혐의 등으로 인해 물러난 불명예스러운 전례가 있다. 특히 유태명의 사퇴 이유는 지난 제19대 총선 당시 박주선 의원을 도우려는 불법 선거운동 때문이었다. 이에 주민들은 실망감과 피로감을 느낄 수밖에 없었으며, 상당한 수준의 정치적 불신이 싹틀 수밖에 없었다. 아울러 동구는 광주광역시의 5개 자치구 가운데 평균 연령이 가장 높고 노인 인구 비율도 가장 높아 상대적으로 보수적이라는 평가를 받고 있다.

1. 역대 동구청장 선거결과

역대 지방선거를 살펴보면 1회부터 6회까지 모두 민주당계의 후보자가 동구청장에 당선되었다. [그림 2-1]에 잘 나타나듯이 민주당만 후보를 낸 제2회 지방선거를 제외하더라도, 나머지 선거 결과에서 민주당의 후보들이 모두 50% 이상의 높은 득표율을 얻으며 당선되었다. 따라서 동구는 전통적으로 민주당이 강세를 보이는 지역이라고 할 수 있다. 또한 당선자들의 직업군을 보면, 재보궐선거를 포함한 1회부터 6회까지의 지방선거에서 모두 관료 출신의 후보자가 당선되었다.

한편 동구는 타 지역에 비해 자주 재보궐선거가 실시되어 유권자들에게 실망과 피로감을 주어 왔다. 제5회 지방선거에서 민선 3,4기를 지낸 민주당 소속 유태명 당시 동구청장이 51% 득표율로 당선되었지만 2012년 19대 총선 때 박주선 의원을 위한 불법선거운동으로 인해 공직선거법 위반으로 2012년 9월 20일 구청장직을 사퇴하였다. 그 해 제18대 대선과 함께 실시된 광주 동구청장 재보궐선거에서 61.0%로 민주통합당 노희용 후보가 무소속 양혜령 후보(33.3%), 새누리당 최정원 후보(5.7%)를 제치고 당선되었다.

[그림 2-1] 역대 동구청장 선거에서 민주당계 후보들의 득표율

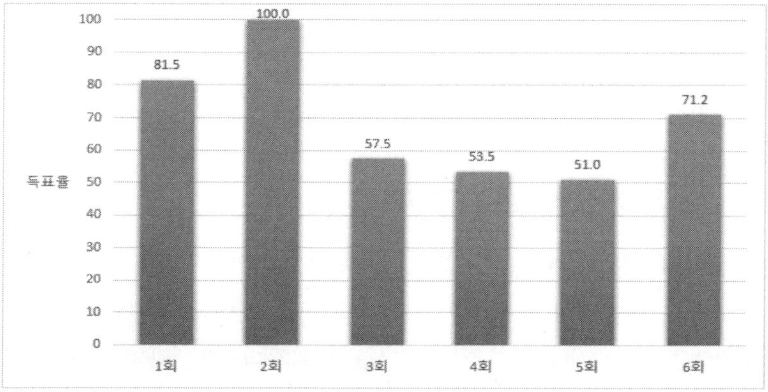

출처: 중앙선거관리위원회 선거통계시스템.

이후 노희용 전 구청장은 2014년 제6회 지방선거에서 재선에 성공하였다. 그러나 2015년 뇌물수수, 공직선거법 위반으로 그 또한 구속되었고 당선무효 판결을 받아 구청장직에서 물러났다. 그의 당선이 무효화된 후 2016년 4월 13일 실시된 동구청장 재보궐선거에서는 당시 열풍이 불었던 국민의당의 김성환이 52.3%의 득표율로 홍진태(26.1%)와 양혜령(21.7%)을 제치고 당선되었다. 전통적으로 민주당계 후보들이 강세를 보이던 동구에서 처음으로 그가 비민주당 후보로 나서 구청장에 당선된 것이다.

2. 광주광역시 동구의 주요 이슈

최근 광주 동구의 가장 큰 문제점으로 지적되어온 것은 인구수의 지속적인 감소였다. 2014년 말 10만 786명이던 동구의 인구는 2017년 6월 기준으로 9만 6,793명까지 떨어졌다(광주광역시 동구 2018). 65세 이상 인구는 20%를 넘어서며 초고령화 사회에 진입했으며, 합계출산율 또한 2016년 기준 0.939명으로 매우 저조하다(국가통계포털 2018). 이 때문에 국회의원 선거구 유지 하한선인 13만 8,000명에 모자라 국회의원 의석이 사라질 위험에 처하기도 했지만, 남구의 양림동, 방림 1·2동, 백운 1·2동 등과 함께 동남을 선거구로 통합되었다(오영수·박민우 2016). 인구 감소를 해결하기 위한 재개발 정책으로 현재 계림 5－2, 산수1, 지원 2－1, 계림 8 구역에 아파트 건립이 시작되고 있으며, 계림 2,4,7, 학동 4 구역 등 또한 사업시행인가와 관리처분계획을 얻어 착공 시기를 조율하고 있다(박철홍 2017).

다른 문제점으로 행정안전부가 최근 발표한 '2017년 전국 시도 및 시군구별 7개 분야 지역 안전지수’에 따르면 동구는 교통과 전염병 등 분야에서 최하위 등급을 받았다. 지역 안전 지수는 지자체의 안전수준을 7개 분야로 나눈 후 사망과 사고 건수, 위해 정도 등을 계산해 1~5까지의 등급을 부여하며 1등급이 가장 안전하다는 것을 의미한다(행정안전부 2017). 7개 분야는 교통, 화재, 범죄, 자연재해, 생활안전, 자살, 감염병이다. 동구는 자연재해(2등급)와 화재(4등급)를 제외하고 나머지 모든 분야에서 5등급을 받았다. 자연재해가 주로 농촌이나 어촌에서 발생한다는 것을 감안하면, 사실상 동구의 안전이 굉장히 취약하다는 점을 알 수 있다.

이번 지방선거를 앞두고 부상한 동구의 주요한 정치적인 이슈로는 김성환 동구청장과 동구의원들 간에 ‘지방채 조기상환분 삭감 의결 논쟁’이 격화된 점을 들 수 있다. 광주 동구의회는 구청이 제출한 지방채 조기상환분 17억원 가운데 10억원이나 삭감하여 예산안을 의결하였고, 이로 인해 이들 사이에 상호 비방하는 성명공방이 벌어졌다(김다란·정유진 2018. 3. 27).

3. 각 정당별 동구청장 후보공천 과정: 더불어민주당, 민주평화당, 바른미래당

더불어민주당은 7일 지방선거기획단 회의를 통해 6.13 지방선거 공천심사 기준과 방법을 결정하였다. 더불어민주당 공보국은 백혜련 더불어민주당 대변인의 서면브리핑을 통해 공천심사기준에 대해 정체성, 기여도, 의정활동 능력, 도덕성, 당선가능성 등을 종합적으로 심사하고, 심사방법은 서류심사, 면접심사, 여론조사로 하겠다고 밝혔다(더불어민주당 공보국 2018. 2. 7): 공천심사의 배점기준은 중앙당 공천관리위원회에서 확정하며 시·도당(공천관리위)에 일괄 적용한다. 광역 및 기초단체장 경선은 국민 참여경선으로 권리당원과 권리당원이 아닌 유권자를 각 50%로 합하고 선거인단구성은 권리당원의 경우 권리당원 전원이며 권리당원이 아닌 유권자인 경우 안심번호로 추출한 선거인단으로 한다(더불어민주당 2018. 4. 2).

이에 따라 더불어민주당의 광주 동구청장 경선 또한 진행되었다. 이 경선에는 임택, 강신기, 양혜령, 강수훈 등이 참여하였다. 하지만 경선과정에서 불공정시비가 불거져 나왔다. 광주광역시장후보로 나선 이용섭 후보는 탈당경력 사유로 인해 원칙적으로는 20% 감점을 받아야 하지만 당의 요구로 인해 복당한 점이 감안되어 10% 감점에 그쳤으며, 결국 52.9%의 득표율로 강기정 후보(32.2%)와 양향자 후보(14.9%)를 누르고 1차 경선에서 승리하여 공천을 받았다(김태규 2018)(더불어민주당 공보국 2018. 4. 20). 하지만 양혜령 예비후보는 20% 감점을 받아 탈락하고 말았다. 양혜령 예비후보는 이병훈 전 동남을 지역위원장으로부터 당이 요청해 복당한 경우는 10% 감점을 할 것이라고 들었다고 주장하였다. 하지만 그녀의 예상을 벗어나 20% 감점을 받은 것이다.

더불어민주당이 공천기준의 적용이 일관성이 없었다는 비판에도 불구하고 이처럼 더불어민주당이 탈당경력에 대하여 광주광역시장후보 이용섭 후보와 양혜령 예비후보에게 상이한 감점규정을 적용한 것은 당에 대한 이들의 기여도 차이에서 비롯된 것으로 보인다. 이용섭 후보는 과거 장관 출신의 경력과 국회의원 출신으로 지난 대선에서 문재인을 도왔으며, 문재인정부의 일자리위원회 부위원장을 역임하면서 중앙당의 공천과정에 대한 영향력도 상당했을 것으로 추정할 수 있다.

광주광역시의 더불어민주당 동구청장 경선은 1차에는 경선 후보 4명이 모두 컷오프 없이 통과되었지만 결국 2차 경선에서 47.3%의 득표율로 임택이 승리하였다. 강신기, 양혜령, 강수훈은 각각 22.9%, 20.4%, 7.7%의 득표율에 그쳐 탈락하였다(더불어민주당 광주광역시당 2018). 이에 양혜령은 5월 8일 더불어민주당의 경선을 '불공정 경선'으로 규정하고 탈당하였으며, 급기야 바른미래당에 입당해 동구1 광역의원 선거에 출마하겠다고 선언했다. 그녀는 "명백한 '양혜령 죽이기'라고 의심할 수밖에 없기 때문에 더불어민주당 탈당만이 양혜령과 다수 지지자들의 자존심을 지키는 길이라고 생각한다"며 보도자료를 통해 "경선을 위한 권리당원 모집 과정, 최종 명부 확정 과정에서 지지자 849명의 명단 누락 등 광주 동남을 지역위원회와 광주시당의 불공정한 경선 관리에 항의해 탈당을 결심했다"고 주장하였다(김현 2018).

민주평화당 광주광역시당은 4월 1일 외부 위원을 포함한 11명의 지방선거 공직선거후보자추천관리위원회 구성을 완료했다(위원장은 최경환 의원을 포함하여 장병완, 천정배, 김경진 의원 등 당내인사 6명, 외부인사 5명, 송창헌 2018). 민주평화당은 경선일정으로 2~12일 후보자 추천 공모 기간을 거쳐 21~22일 후보자 추천 면접 심사를 하였다. 민주평화당의 공천심사는 "당선 가능성, 지역발전에 대한 기여도, 주민소통능력, 후보자의 품성과 자질" 등을 평가기준으로 이루어졌으며, 4월 22일 동구청장 후보로 김성환을 단수 공천하였다(송창헌 2018). 김성환 후보는 노무현 정부 시절 청와대 대통령비서실에서 근무했고, 이후 이명박, 박근혜 정부 시기엔 국무총리실에서 근무한 경력이 있었다.

바른미래당 공천관리위원회는 3월 30일부터 광역의원, 기초의원 예비후보자 자격심사 공모를 시작했다. 바른미래당 광주광역시당은 후보자 추천 과정에서 단수공천을 제외한 다수의 지역에서 예비후보가 등록되지 않아 어려움을 겪었고, 선거를 한 달을 채 못남긴 5월 16일이 되어서야 공천을 마무리할 수 있었다(바른미래당 2018. 3. 30, 2018. 5. 18).

바른미래당은 광주 동구청장 공천에 김영우 후보자를 5월 2일 확정했다. 김영우의 공천과정에는 이곳의 국회의원인 박주선의 지원이 있었을 것으로 보인다. 민주평화당의 홍기월 동구의원은 인터뷰를 통해 "항상 단체장은 낙하산 내려오듯이 합니다. 우리 구청장 같은 경우를 봐도 우리 유태명 구청장님도 시의회 근무하다가 왔고 … 중략 … 그 이후에 노희용도 시청에 근무가 많이 남아있는 상태인데 사표를 내고 왔습니다. 그리고 우리 김성환 구청장도 청와대에 있다가 임기가 상당히 남아있는데도 그 자리를 버리고 … 중략 …"라며 단체장 후보공천이 지역구 국회의원과의 관계를 토대로 이루어졌다는 의구심을 제기하였다. 임택 역시 인터뷰에서 "그동안 동구의 자치단체장들은 대부분 동구에서 활동을 하지 않았거나 동구 자치 현장에 없었던 사람들이 국회의원이나 정치적 힘을 빌려서 공천을 받고 구청장이 되는 경우가 많았다"라고 언급했다. 비록 바른미래당이 이번 지방선거에서 후보자를 찾기 어려웠다는 점을 고려하더라도, 김영우의 공천과정에서 박주선의 영향력은 절대적이었을 것으로 보인다.

Ⅲ. 동구청장 후보공약 및 선거운동

2018년 제7회 6.13 전국동시지방선거를 앞두고 남북 정상 회담이 성사되었다. 이에 힘입어 외교·안보 분야에서 높은 긍정 평가를 받은 문재인 대통령의 국정 운영 지지율이 상승하였다(전진우 2018). 지난 2016년에 치러진 제20대 총선에서 더불어민주당은 전통적인 텃밭인 광주와 호남에서 국민의당 돌풍에 밀려 표심을 얻지 못했다. 그러나 그 후 2년이 지난 2018년 5월 기준 더불어민주당의 전국 지지율이 58%, 호남 내 지지율이 70%를 넘어섰다(이재은 2018). 따라서 이번 지방선거에서 더불어민주당이 다시 호남의 표심을 붙잡을 수 있을지 귀추가 주목되었다.

제7회 지방선거에서 광주광역시 동구청장 선거에 나설 최종 후보는 더불어민주당 임택 전 광주시의원, 바른미래당 김영우 전 광주시의원, 민주평화당 김성환 현 동구청장으로 확정되었다. 임택 후보자는 광주동구의원과 광주광역시의원을 역임 후 이번 동구청장에 출마하였다. 그는 인터뷰에서 "현재 더불어민주당 중앙당의 정책위원회 부의장과 더불어민주당 중앙당의 미세먼지대책특별위원회 부위원장을 맡고 있다. 정책위원회는 당 정책의 연구·심의 및 입안, 정부 정책에 대한 검토 및 대안제시, 법률안·대통령안·예산안·국민

생활 또는 국가경제에 중대한 영향을 미치는 정책에 대해 당·정 간의 협의와 검토, 의원입법안의 연구 및 심의, 당 정책에 관한 자문사항의 심의 등을 다루는 역할을 한다"라고 했는데 이를 통해 당내에서 지위와 영향력이 더불어민주당의 다른 동구청장 예비 후보자들과 상당한 차이가 있음을 알 수 있다.

현직 동구청장이었던 김성환 후보자는 관료 출신으로 청와대 비서실, 국무총리실 등 중앙 행정부처에서 근무한 경력이 있다. 또한 과거 박주선 의원과 함께 국민의당에서 활동하였다. 김성환 후보는 이전의 동구청장들과 같이 2015년 12월, 국무조정실 국정과제관리관으로 임기가 남아있는 상황에서 사퇴를 결심하였고, 2016년 광주 동구청장 선거에 나섰다. 그러나 김성환 후보는 국민의당이 바른정당과 통합하는 과정에서 박주선 의원과 갈라서며 민주평화당에 입당했고, 이번 지방선거에서 민주평화당으로부터 단수공천을 받았다.

바른미래당의 김영우 후보자는 제3,4대 광주동구의원과 제5대 광주광역시의원을 역임했다. 그는 동구청장 후보로 출마하기 이전 국민의당 소속이었으나 김성환 후보와 달리 바른미래당에 입당하여 박주선 의원의 전폭적인 지지를 받게 되었다. 바른미래당은 공직선거 후보자추천 신청을 추가 연장하는 등 이번 지방선거 후보자 공천에 어려움을 겪었으며, 김영우 후보 또한 어렵지 않게 광주 동구에서 단수로 공천을 받을 수 있었다.

1. 기초단체장 후보자 선거공약

<표 2-1>은 중앙선거관리위원회에 제출된 후보들의 공보물

〈표 2-1〉 동구청장 후보별 공약 우선순위 비교

	김성환	임택	김영우
1순위	문화	골목상권	문화
2순위	골목상권	일자리	행정
3순위	도시재생사업	복지	일자리
4순위	복지	문화	복지
5순위	복지	행정	복지

에 포함된 공약을 우선순위에 따라 문화, 일자리, 골목상권, 행정, 복지 다섯 분야로 나누어 비교한 것이다.

각 사안별 후보자의 공약을 비교 분석하기 위해 중앙선거관리위원회에 제출되지 않은 사안의 정책은 각 후보의 홍보물을 참고하였다. 김성환은 일자리와 행정분야, 김영우는 골목상권 분야에 대한 정책이 이에 해당한다.

1) 문화 분야

문화분야와 관련한 공약의 경우 김성환은 국립아시아문화전당 주변 인프라를 강조하였고, 임택은 문화산업 발전과 실개천로 연계 관광을 부각했으며, 김영우는 무등산 케이블카 설치와 문화 관광 벨트를 슬로건으로 내걸었다. 동구의 문화관련 사업 종사자들의 표심을 확보하려는 공약으로 보인다.

〈표 2-2〉 동구청장 후보별 문화분야 주요 공약

김성환	• 국립아시아문화전당 주변 문화예술 인프라 구축
임택	• 문화중심도시 정책 추진(아시아문화전당 협력) • 무등산 관람 연계관광 체계 마련 – 광주천의 자연생태공원화 사업을 확대하고 편의시설 설치 – 아시아문화전당과 구도심을 흐르는 실개천로 개설 – 실개천을 따라 흐르는 관광로 곳곳에 예술작품이 어우러진 쌈지공원 조성 • 문화콘텐츠산업, 뷰티산업 등 브랜드화 정책 추진
김영우	• 무등산 케이블카 설치 • 문화예술 관광벨트 조성 – 공연, 전시예술 콘텐츠 제작을 위한 연관 산업 유치 – 특화마을, 특색 있는 거리, 소규모 박물관 조성 – 대인예술시장, 남광주밤기차 야시장, 아시아음식지구 야시장 개발

2) 일자리 분야

일자리와 관련한 김성환의 정책 공약 이행방법은 주민 및 유관기관 합의, 기본계획수립, 연차별 시행이라 명시되어 타 후보들에 비해 구체적이지 않았으며 동구의 기존 정책들과 크게 다르지 않음을 알 수 있다. 이에 비해 임택은 '어르신과 청년이 더불어 일하는 공공형 일자리 창출'공약을 제시하였으며, 노년층과 청년층의 표심을 모두 겨냥하며, 상대적으로 다른 후보에 비해 이행방법을 구체적으로 제시하였다. 임택과는 대조적으로 김영우는 청년층을 겨냥한 공약을 내세웠다.

〈표 2-3〉 동구청장 후보별 일자리 분야 주요 공약

김성환	• 주민우선형 일자리 창출 및 취업 창업 지원 – 동구 주민우선고용 협약회사 선정 및 확대 – 주부 일자리 공동체 지원사업 – 노령, 청년 특화형 일자리 발굴 – 장애인 일자리 창출사업 확대 추진
임택	• 어르신과 청년이 더불어 일하는 공공형 일자리 창출 – 마을공공일자리추진조직 구성 – 신산업 육성형, 문화콘텐츠형, 도시재생형, 공공형의 4대 분야 일자리 창출 – 스타트업 기업의 지원을 확대하여 청년 창업 활성화 – 대학·ACC와 협조하여 관련 인력양성센터 운영 – 구청 내 일자리매칭 서비스 부서 신설 – 은퇴자의 재취업 교육 및 재활 프로그램 운영을 위해 구청 내 일자리 이모작 지원센터를 건립하여 평생교육원 체제로 운영
김영우	• 동구경제활성화센터 설립 – 공공부문 일거리를 주민에게 위탁하여 주민 일자리 창출 – 동구 관광벨트와 연계하여 관광 자원화 • 청년창업특화지구 조성 – 4차 산업 관련 지식기반형 기업 유치 및 일자리 창출 – 관내 대학 창업센터와 연계하여 청년 창업 지원 및 청년 일자리 지원

3) 골목상권

후보들은 공통적으로 지역경제 90%를 차지하는 자영업·소상공인의 직업군을 고려한 정책을 제시하였다. 특이점으로는 김성환이 지역화폐 도입을 공약으로 내세웠으나 이행방안을 보면 "주민 및 유관기관 협의, 기본계획수립, 연차별 시행"하겠다고 하는 등 모호하다. 반면, 임택은 '문재인 정부'의 도시재생뉴딜사업을 정책에 포함시켰으며, 이는 현 정부와의 연관성을 부각시키려고 한 것으로 보인다. 김영우는 선거공보에 골목상권을 프레임으로 한 정책은 없었으나, '이제까지의 동구를 활용해 새로운 동구를 창출하겠습니다'라는 문구로 내실있는 운영을 강조하였다.

〈표 2-4〉 동구청장 후보별 골목상권 분야 주요 공약

김성환	• 소상·공인 집적지구 지정 및 지원을 통한 골목상권 활성화 • 권역별 특화골목 조성(인쇄골목, 카페골목, 웨딩골목, 의료골목 등) • 지역화폐 도입으로 지역 경제 활성화 도모 • 전통시장 활성화
임택	• 문재인 정부 도시재생뉴딜사업을 통한 골목상권 활성화 – 골목상권지원 전담 부서를 구성 – 도시재생 뉴딜사업 선정 추진을 통한 지역브랜드 창출 – 4차 산업혁명에 대비한 『금남로 인더스트리 4.0 타운』 조성 – 금남로 투자진흥지구 확대 – "산수지원동명 한옥마을" 조성 지원 – 동구 5대 상권 특성화(충장 권역 상권, 예술의 거리 권역 상권, 전통시장 상권 권역, 무등산 권역 상권, 인쇄의 거리 상권) 사업 추진
김영우	• 아시아 음식거리 등 기형성된 특화거리의 내실 있는 운영 – '특화거리다운 거리' 조성

4) 행정

행정 분야에서 세 후보 모두 주민과의 교류와 소통을 강조하였다. 특히 임택은 선거공보에 주민 숙원사업 해결 방안을 제시하기도 했는데 이는 오랜 기간의 구의원과 시의원 경력이 도움을 주었을 것으로 보인다. 김영우는 다른 후보들과 달리 '안전'과 '건강'에 대한 공약을 내걸었다. 그러나 그가 제시한 정책 중 화상경마장 이전 추진은 논란이 있을 수 있다. 계림동의 화상경마장은 교통난과 주차문제를 유발시키며 다른 이해관계를 가진 마사회와 광주시, 동구, 주민이 모두 동의해야 한다는 점, 대체 장소 마련이 쉽지 않다는 점에서 한계를 가지고 이전보다는 개선 방안마련이 적절하다고 보는 의견이 상당하기 때문이다.

〈표 2-5〉 동구청장 후보별 행정 분야 주요 공약

후보	공약
김성환	• 주민참여형 마을공동체 육성 – 평생학습거점센터 신축 – 마을공방(동구마루) 설치 확대 –사회적경제, 마을공동체 지원센터 설치운영 – 주민과 함께하는 희망동구방송 운영
임택	• 소통과 교류, 공감과 협력을 통한 이웃이 있는 자치공동체 건설 – 주민참여 마을사업 추진 – 재능 기부 등을 통한 공동 육아, 자녀케어 모임 장려 및 활동 지원 – 인생이모작설계지원센터 및 사회적경제 활성화 지원센터 운영 – 마을브랜드 창조사업 지원

임택 (계속)	– 도시재생 뉴딜사업의 추진을 위한 주민협의체를 구성하여 이해 당사자 간 갈등 조정 및 상호 커뮤니케이션 유도 – 원스톱 서비스를 제공하는 협동조합형 마을기업 설립 – 주민과 구청장 간 대화채널을 마련, 공개 후 상호 소통 및 정책 반영
김영우	• 광주광역시와 구간 경계 조정을 요청 • 안전하고 건강한 동구 건설 – 지역 안전망 구축을 위한 안전 안심 프로젝트 추진 – 재난 취약 시설 사전 점검 및 정비 – 감염병 예방 관리 강화(친환경 맞춤형 방역 강화) • 주민 모두와 함께하는 공감 행정 – 1주일에 한 번은 주민과 함께한 이동구청장실 운영 – 지역복지공동체를 더욱 촘촘히 구축하여 복지사각지대 해소 – 동구희망 플러스센터 설치 – 계림동 화상경마장 이전 추진 • 동구 스마트 도시화 – 관내 중심지역 WI-FI 프리존 운영

5) 생활환경 개선 및 복지

동구의 생활환경을 개선하고 복지를 증대하기 위해 후보자들은 다양한 정책을 제시하였다. 무엇보다 동구의 합계출산율은 0.939명(2016년 기준)으로 저조하다. 이에 따라 출산과 육아에 대한 정책을 공통적으로 제시하였다. 그 외에 김성환은 전반적 시설 개선에 중심을 두었고, 임택은 상대적으로 소외계층과 노년층을 위한 복지를 강조했으며, 김영우는 먹거리와 녹색공간 확충에 대한 공약을 부각시켰다.

〈표 2-6〉 동구청장 후보별 복지 분야 주요 공약

김성환	• 주민친화형 육아·청소년환경 조성 – 보육 도우미 확대 운영 – 권역별 한걸음도서관 인프라 구축 – 유아용품 및 장난감 나눔축제 개최 • 주민공감형 복지지원 – 4060 위기 독거남 희망프로젝트 확대 시행 – 희망엽서 확대로 위기가정 적극 발굴 지원 – 목욕취약지역 구립목욕탕 설치 – 도시가스 공급확대 지원 – 공공산후조리원 설치
임택	• 주민이 서로 돌보는 공동체형 – 복지종합정보를 주고받는 마을별 복지거점공간 마련 – '동네부엌'에서 나눔주먹밥·반찬 제공 – 휴먼서비스 심리지원센터 운영 – 육아지원센터 확대 – 치매검사비 지원, 반값 임플란트 등 어르신 건강복지 지원 확대 – 교통약자에 대한 각 동별 수송체계 구축 – 에너지 빈곤세대에 대한 자립형 에너지플랜트 설치 – 무료급식 확대
김영우	• 안심 먹거리 제공 – 지역 중심 친환경 농산물 수급 • 고령, 여성, 아동, 청소년 맞춤형 복지정책 추진 – 공동육아를 위한 민관협력 체제 구축 – 일, 가정 양립을 위한 제도 확대(예비아빠 육아교실, 아빠요리 교실 등)

김영우 (계속)	– 출산, 양육에 따른 경제적 지원(출산지원금, 출산, 육아, 생애 주기별 이벤트 보험제도 추진) – 여성, 아동 친화 커뮤니티 공간 조성 • 녹색공간 확충 – 관내 대학교의 유휴공한지에 천년의 숲을 조성 – 도심 소공원 조성 – 관내 소하천을 생태체험 학습장으로 조성 – 푸른길에 친수공간을 조성

간단히 정리해보면, 세 후보 모두 동구의 특성을 염두에 두었기에 유사한 공약을 제시하였으나 주요 공략층과 이행 방법을 제시하는 데에서 차이가 있었다. 전반적으로 김성환은 지난 선거 당시의 공보와 별반 다르지 않았으며 상대적으로 이행방법이 구체적이지 않았다. 이는 그가 현직 프리미엄을 앞세워 지난 2년간의 성과홍보를 통해 득표하려는 전략을 채택하였기 때문인 것으로 보인다. 반면, 임택은 구체적인 이행방안을 제시하며 민심에 호응하는 홍보전략과 민주당 지지층을 동원하기 위한 선거전략을 설정한 것으로 보인다. 김영우는 임택과 김성환이 국비, 시비, 구비만 제시한 것과 달리 민자 유치도 고려하겠다는 재원조달 방안을 제시함으로써 차별화를 두려고 노력한 듯 보인다. 또한 임택은 노년층을 공략하기 위한 공약의 비중이 높았던 반면, 김영우는 청년층을 공략하기 위한 공약의 비중이 높았다.

2. 후보자들의 선거운동: 참여관찰

1) 더불어민주당 임택

더불어민주당 임택 후보의 선거유세는 6월 4일 17시경 남광주 사거리에서 관찰했다. 그는 이용섭 광주광역시장 후보와 이병훈 동남을 위원장과 함께 유세를 진행했다. 더불어민주당의 시장후보, 구청장후보, 지방의회의원 후보들이 함께 유세함으로써 더 큰 시너지 효과를 누리기 위한 것으로 판단된다. 선거운동원들이 몰려있어 일대 거리가 더불어민주당의 상징인 파란색으로 뒤덮인 것으로 보였다. 약 2,000여 명의 시민이 선거운동을 보기 위해 모여들었고 열성적인 환호와 응원을 통해 압도적인 지지를 눈으로 확인 할 수 있었다. 임택과 이용섭은 현재 문재인 정권의 임기와 이번 지방선거 당선자의 임기가 함께한다는 점을 언급하며, 현 정권에 힘을 실어주고, 자신이 당선된다면 집권 여당의 이점을 살려 동구의 발전을 도모할 수 있는 기회가 될 것이라는 점을 강조했다. 연설 중 故노무현 전 대통령이 언급되었고, 다른 당을 에둘러 깎아내리기도 하였다. 정책이나 공약은 구체적으로 언급되지 않았다. 이번 선거에서 광주에서 더불어민주당이 압승을 할 것이며 같은 당 소속인 이용섭 광주광역시장 후보자와의 협력을 통해 동구를 발전시키겠다는 내용이 주를 이뤘다.

2) 민주평화당 김성환

민주평화당 김성환 후보의 선거운동은 6월 4일 전남대병원 오거리에서 관찰했다. 김성환의 선거유세나 연설을 직접 관찰하지는 못했다. 김성환은 다른 이와 함께 유세를 진행하지 않고 있으며 게

릴라 유세 중이라는 것을 전해들을 수 있었다. 더불어민주당에 비해 선거운동원의 수가 적었으며, 사기가 저하되어 있음을 느낄 수 있었다. 선거 운동원이 캠프 관계자에게 선거 운동원들에 대한 관리가 미흡하고 선거운동이 체계적이지 못하다는 점에 대해 불만을 토로하는 장면을 목격하기도 했다.

3) 바른미래당 김영우

바른미래당 김영우 후보의 선거운동은 직접 관찰하지 못했다. 그러나 김영우의 선거운동 슬로건을 살펴보면 "당보다는 경험과 능력을 갖춘 동구의 인물"이라는 문구를 볼 수 있으며, "박주선 대표-국회의원과 함께 동구 예산폭탄 터뜨리겠습니다"와 같은 현수막을 통해 강조점과 선거전략을 알아볼 수 있었다. 6월 4일 김영우 후보는 전남대병원 인근에서 바른미래당 박주선 대표와 전덕영 광주광역시장 후보, 권은희 의원과 함께 선거유세에 나섰다. 박주선 대표는 더불어민주당의 경제 정책과 여론조작 의혹, 성추문 등을 이슈로 삼아 비판했고, 이를 견제할 수 있는 대안 정당으로 바른미래당을 선택해 달라고 호소했다(바른미래당 2018. 6. 4).

한편 바른미래당은 민주평화당 김성환 후보를 허위사실공표 혐의로 검찰에 고발했다. 바른미래당은 그가 문자메시지를 발송하며 "10억원의 채무가 있음에도 2년간 370억의 추가 재원을 확보하여 빚없는 동구"를 만들었다는 허위사실공표 혐의를 제기하였다(전원 2018). 그러나 이에 대해 김성환 후보 측은 "공보물에 10억원을 의회에 변제 승인요청 중이다라는 내용을 포함시켰기 때문에 허위사실이 아니며, 이는 트집 잡기에 지나지 않는다"라고 대응하였다(여운창 2018).

Ⅳ. 후보자 인터뷰: 지방채 상환 이슈, 지지기반, 현역 국회의원과의 관계

후보자들은 인터뷰를 통해서 주요한 지역이슈였던 지방채 상환 문제를 비롯하여, 자신의 정치적 지지기반을 형성하는 방식이나 현역 국회의원의 영향력 등을 비롯한 다양한 이슈들에 대한 입장을 밝혔다.

1. 동구 의회 내 지방채 관련 갈등에 대한 견해와 당선 시 해결 방법

'지방채 상환'과 관련하여 지역 내부에서 발생한 갈등은 김성환 구청장의 업무추진방식이 일방적이라는 비판이 제기되면서 불거져 나온 것이었다. 동구 의회의원들이 반대성명을 제출하기도 하였다 (류형근 2018). 이에 대하여 김성환은 이러한 비판이 이번 지방선거를 의식한 정략적 의도라는 시각을 보였다. 김성환은 인터뷰를 통해 "원칙으로 대할 것이다. 올해 남아있는 지방채 20억원을 예산 확보해서 상환을 하겠다고 했는데, 10억원은 용인하고 10억원은 안 해줬다. 이것은 결국 '김성환이 채무를 다 갚았다'라는 소리를 못 듣게 하려는 정치적인 의도가 깔린 것이다"라고 답변하였다.

하지만 임택은 "의회는 집행기관을 감시하고 견제하는 기관으로 늘 집행부와 긴장의 관계를 이어갈 수밖에 없다. 하지만 지역발전과 주민의 행복을 위해서 서로 상생과 협력으로 힘과 지혜를 모아 문제를 헤쳐 나갈 수도 있어야 한다. 어느 한쪽이 다른 한쪽을 일방적으로 무시하고 전횡을 저질러서는 안 된다. 지방자치가 잘되기 위해서는 무엇보다 소통과 협치가 중요하다. 지방자치의 시대에는 주민과 행정이 서로 대화하고 결정하고 집행하고 평가하는 것이 참된

〈표 2-7〉 후보자 인터뷰 주요 답변-1

	김성환	양혜령	임택	홍기월
지방채 관련 갈등에 대한 견해와 해결방안	정치적인 의도가 깔린 것	정상적인 절차를 통한 의회 의원들과의 협치 필요	의회 의원들을 무시하지 않고, 소통과 협치가 중요	구청 재정에 부담이 되지 않는 범주 내에서 소통과 협치를 통해 해결
지지 기반 형성 방법	구청장 레벨에 해당되는 이야기가 아님, 조직에 참여하지 않음	백화포럼, 국제 로터리, 국제 와이즈맨, 봉사기관, 학교 기반(중흥초, 서강여중, 전남여고), 종친회	시민사회단체 (참여자치21 운영위원, (사)푸른길, 근로정신대할머니와함께하는 시민모임), 봉사단체, 협동조합 활동	자율 방범대, 새마을회, 주민 자치 및 여러 시민 단체에 봉사활동, 지역 내 각종 모임
박주선과의 관계 및 영향력 평가	공적-경쟁 관계 사적-가까운 사이	협치 필요	협조(예산확보와 민원 문제 해결), 협력, 소통	박주선이 활동하는 조직은 광범위하지 않지만, 동구청에 예산을 많이 지원함
선거 운동 자금 마련 방법	보전, 후원금, 김성환 펀드	후원금, 보전	정당 지원금, 후원모금, 국민펀드, 개인 사비	사비로 충당

모습이다"라고 답했다. 양혜령 또한 "의회 의원들과의 협치가 아주 중요하다고 본다. 정상적인 절차를 밟아서 하면 환영받을 일이었는데, 의원들을 무시하고, 자기가 먼저 동구청의 지방채를 상환했다고 발표했다. 내가 들어가면 바로 갚을 것이다. 당연히 갚는 것은 좋은 일이나, 이런 식으로 하니까 반발이 생긴다"라고 답변하였다. 홍기월은 "집행부와 의회와 사전 조율을 통해 우리 구청 재정에 부담이 되지 않는 범주 내에서, 그리고 구청이 추진하는 당면사업에 차질이 빚어지지 않는 범위 내에서 소통과 협치를 통해 해결해 나갈 계획이다"라고 답변하였다.

2. 지지 기반 형성 방법 및 동구 내에서 활동 중인 단체나 조직

각 후보들에게 정치 입문단계에 지지 기반을 형성하는 방법과 출마 이전 혹은 현재 동구 내에서 활동 중인 단체나 조직에 대한 질문에 대하여, 김성환은 "일반적으로 정치를 하면서 조직을 구축하고 자신의 우호 그룹을 만드는데 이것은 구청장 레벨에 해당되는 이야기가 아니다. 물론 선거에는 조직이 필요하지만 현재까진 그렇게 접근하고 있지 않고 조직이 하나도 없다. 올바르게 최선을 다하면 일반 대중들이 반드시 올바른 평가를 해줄 것이라고 믿는다"라고 답변했다.

이에 반해 임택은 "젊은 시절 학생운동, 노동운동, 시민운동을 비롯하여 의정활동과 지역사회 봉사활동 등을 통해 각계각층의 지지기반이 형성되었다. 또한 동구지역 발전을 위해 함께 토론하고 연구하는 모임인 동구를 찾는 사람들(동찾사)의 회원들은 정치활동의 강력한 지지그룹이다. 구의원과 시의원 활동을 통해 형성된 의정동우회 회원들의 지지도 받고 있다. 시민사회단체 및 다양한 사회활동을 통해 연결된 사회적 네트워크 지지기반이 있다. 참여자치21 운영위원, (사)푸른길, 근로정신대할머니와함께하는시민모임, 누리문화재단, 광주민주화운동기념사업회 회원 활동 등 지역 시민사회단체 활동과 빠야따스후원회, 사랑마루협동조합, (사)고려인마을 등 봉사단체 및 협동조합 활동을 통해 형성된 네트워크가 있다"라고 답했다.

양혜령은 "2012년에 지역을 위해서 토론, 견학, 봉사 세 가지를 하는 백화포럼을 만들었다. 그래서 모인 사람이 9,000명이다. 백화포럼이 가장 큰 기반이고, 두 번째 기반이 국제 로타리, 세 번째 국제 와이즈맨이 있다. 봉사기관이 있고, 학교 기반인 중흥초, 서강여중, 전남여고, 전남대학교 치과대학 동창회장, 그리고 조선대 경영대학원이 있다 또 평생교육원과 양씨 종친회 등이 있다"라고 답했다. 홍기월은 "내가 살고 있는 충장동, 동명동, 계림동, 산수동을 중심으로 자율방범대, 새마을회, 주민자치 등 여러 시민단체에 봉사활동을 하면서 지역 의정활동을 펼치고 있다. 지금 활동하는 단체가 62개이며 회비만 한 달에 120만원 정도 나온다. 관할하는 구역이 6곳인데 자생단체에 방범모임 등 방제단체 바르게 모임 또는 지역 내에 개개인 모임들에 가입되어 있다"라고 답했다.

3. 박주선 동구 국회의원 및 바른미래당 공동대표와의 관계

동구에서 3선을 지내고 있는 박주선 바른미래당 공동대표가 지역구에 미치는 영향력과 후보와의 관계에 대한 질문에 대하여 김성환은 "박주선 바른미래당 공동대표는 바른미래당 동남을 지역위원장이다. 박주선 의원의 개인적 정치 조직이 있다. 서로 다른 정당의 지역위원장이라 공적으로는 경쟁 관계이지만, 사적으로는 아주 가까운 사이다"라고 답했다. 임택은 "중앙정치에서 오랫동안 활동하시면서 지역의 목소리를 잘 대변하고 있다. 지역의 국회의원과 단체장은 예산확보와 민원 문제 해결 등 서로 긴밀히 협조하지 않으면 안 되는 관계이다. 이번에 당선된다면 지역의 국회의원과 구청장으로서 비록 당이 달라도 동구의 발전과 주민의 행복을 위해서는 기꺼이 협력하고 소통할 것이다"라고 답했다.

양혜령은 "박주선 의원이 백화포럼도 참석하고 했지만, 지금은 나와 당이 다르다. 바른미래당 대표가 되어있고, 나는 민주당 출신의 동구청장이 될 것이다(그러나 양혜령은 더불어민주당 동구청장 경선에서 탈락한 후 현재 바른미래당에 입당, 광역의원 후보로 출마했다). 된다면 '당이 다르니까 적이다'라며 이야기도 안 하는 것은 아니라고 본다. 협치를 해야 하고, 국회의원이 할 일이 있고, 또 돈 따오기라도 하면 내가 살림을 해야 한다. 정체성의 문제이기 때문에, 주민을 위해서 합할 힘은 합해서 협치를 해야 한다"라고 답했다. 홍기월은 "박주선 의원을 내가 4선 동안에 2번이나 도와줬다. 그런데 4선을 하면서 박주선 의원에게 공천을 한 번도 받지 못했다. 박주선 의원이 … 중략 … 동구청이 사업할 때 예산을 많이 주셨고 감사한 마음이 있다"라고 답했다.

4. 선거 운동의 자금 마련 방법

출판기념회는 후보들의 정책을 홍보할 수 있는 창구이자 선거

자금을 합법적으로 모금할 수 있는 수단으로 통용되고 있다. 예비후보자들은 선거 전 얼굴을 알리며 인지도를 높이거나 세를 과시할 수 있는 기회로 여긴다. 유권자들에게 자신의 철학과 정책을 제공하는 계기로 삼기도 한다. 그러나 선거자금 모금을 위한 수단으로 악용되는 경우도 있다. 그 이유는 출판기념회의 경우 경조사로 분류되기 때문에 정치자금법에 의한 제재나 감시의 대상이 되지 않기 때문이라고 할 수 있다(박사라 2018). 후보들의 출판기념회 개최 여부를 살펴보면 김성환은 2018년 3월 12일 개최하였으며, 양혜령은 지난 지방선거 당시 2014년 3월 18일에 개최하였다.

인터뷰를 통해 후보자들에게 출판기념회 이외에 선거운동자금을 마련하는 방법에 대해 질문한 결과 얻어낸 답변은 다음과 같다. 먼저, 김성환은 "이 문제가 가장 힘든 부분이다. 선거운동 자체에 돈이 그렇게 많이 들어가진 않는다. 공식적으로 쓰는 선거 비용 중에 보전을 해주는 부분이 있고 그렇지 않은 부분이 있다. 이번 구청장 선거의 공식 선거 운동 비용이 1억 2,700만원이며 이는 보전이 되는 부분이다. 신고는 하지만 보전을 안 해주는 부분은 정치자금인데, 예를 들면 여론조사 비용 같은 것이 있다. 다른 부분은 후원금을 50% 받을 수가 있다. 후원금 말고 재정을 마련하는 방법은 김성환 펀드가 있다. 보전 비용이라도 미리 조달을 해서 쓰고 나중에 갚아야 하는데 이런 부분은 김성환 펀드라고 한다. 그게 다른 말은 아니고 사적으로 빌린 것인데, 다만 공개적으로 빌린 것이다"라고 답했다.

임택은 "일반적으로 선거 자금을 충당하는 방법은 정당의 지원금, 후원모금, 국민펀드를 통해 조성하기도 하지만 실질적으로 후보

본인의 개인 사비로 거의 이루어진다고 보면 된다. 본인의 경우도 자산이 그렇게 많지가 않지만 자치단체장의 경우는 선거법상 후원회 조직을 만들 수 있기 때문에 이번 선거에서는 후원 모금으로 선거운동 자금을 마련해 보려고 한다"라고 답했다. 또한 "우리나라의 선거운동 방식은 과거에 비해 많이 나아졌지만 여전히 비용이 많이 드는 문제가 있다. 돈이 없으면 출마 자체를 못하는 어려움이 존재한다. 적은 비용으로도 선거를 치룰 수 있는 법적·제도적 장치가 시급히 마련되어야 한다"라고 덧붙였다.

양혜령은 "출판기념회의 목적이 변질된다. 선거를 앞두고 자금 모금으로 되어 버린다. 이건 바람직하지 않다고 보는데, 내가 선거를 여러 차례 치르다 보니 선거 때마다 하는 것은 너무 민폐다. 그래서 이번엔 안 했고, 자금마련은 후원금 제도가 있다. 펀드까지 할 필요는 없다. 선거법을 지키면 그렇게 많은 돈이 안 든다. 후원금을 모아서 쓸 수 있는 정도도 정해져 있다. 그리고 나라에서 또 돌려준다. 그래서 15% 못 넘을 것 같으면 나오면 안 된다. 그래서 보조 받고, 후원금 받아서 쓰면 된다"라고 답했다. 홍기월은 "지방의원들의 급여가 굉장히 적다. 일 년에 3,400만원을 버는 데 한 달에 250~260만원 정도 들어온다. 한 달에 400만원 정도를 쓰는데 급여에서 돈을 보태야지 의정활동을 할 수 있다. 동구청에서 3,000만원을 대출받아 1,000만원을 빼서 예비후보 등록을 하고 나머지 2,000만원 정도는 5월 달에 선거에 나가려고 적금을 넣어두었다. 3,000만원 대출받은 것은 당선되면 보전을 받을 수 있다. 대부분 사비로 충당하고 특별하게 당에서 나오는 지원금은 없다"라고 답했다.

V. 결 론

지금까지 이 연구는 광주광역시 동구의 지방선거를 기초단체장 선거를 중심으로 분석하여 지역정치가 어떻게 작동하는가를 파악하고자 하였다. 동구의 기초단체장선거에서 주목할 만한 점은 더불어민주당이 압도적인 지지율 우위를 보이는 상황에서 후보공천경쟁이 치열하게 벌어진 반면, 민주평화당이나 바른미래당은 공천을 희망하는 정치엘리트들이 적어 결국 단수 공천을 하였다는 사실이다. 더불어민주당의 경우 시의원 출신인 임택 후보가 공천을 받았지만, 그 과정에서 감점 적용을 둘러싼 불공정 경선시비가 불거져 나왔다. 그럼에도 불구하고 더불어민주당의 임택은 지역구 국회의원인 박주선의 지원으로 협조를 받은 바른미래당의 김영우나 민주평화당의 경우 현직 구청장인 김성환을 누르고 구청장에 당선되었다. 이미 이번 지방선거를 일주일가량 앞두고 시행된 여론조사에서도 그는 46.2%로 1위를 달렸으며, 민주평화당 김성환 후보는 30.1%, 바른미래당 김영우 후보는 5.5%의 지지도에 그쳤다(KBS 2018). 이번 광주광역시 동구청장 선거결과는 이 지역에서 현직 국회의원이나 현직 구청장보다 지역 유권자들의 지원을 받는 정당의 공천을 받는 것이 얼마나 중요한가를 잘 보여주는 사례라고 할 수 있다.

후보자들과의 인터뷰를 통해 알 수 있었던 것은 동구정치가 상당히 변화하였다는 점이다. 그동안 동구는 이 지역에서 3선을 역임한 박주선 국회의원을 중심으로 상당히 위계적인 지역정치가 작동되어왔으며 역대 동구청장선거의 경우도 마찬가지였다고 알려져 왔다. 비록 이번 동구청장 선거에서도 그의 영향력이 결코 적지 않았을 것임에도 불구하고 현직 동구청장이 박주선과 결별하여 민주평화당 소속으로 출마하였고, 문재인 대통령과 더불어민주당 유권자들의 지지를 등에 업은 임택의 당선을 막기에는 역부족이었던 것으로 보인다.

후보자들은 선거구 내에서 학연은 물론 봉사단체를 비롯한 다양한 시민단체를 만들어 지지기반을 형성하기 위한 노력을 일상적으로 기울이고 있음을 확인할 수 있었다. 선거운동을 위한 자금은 과거와 달리 정당의 지원보다는 출판기념회, 후원금, 개인펀드 등을 통해 조성하는 것으로 나타났다. 동구 지방채 상환을 둘러싼 갈등에서도 잘 드러나듯이 현직 기초단체장의 업적이나 기초의회와의 관계 또한 선거과정에서 주요한 이슈로 부상할 수 있음을 확인할 수 있었다.

이 연구가 지역엘리트의 충원과정을 포함하여 지역정치의 발전과 관련하여 제시하는 함의는 다음과 같다. 지역분권시대에 조응하는 지역정치의 발전을 위해서는 자질과 능력을 갖춘 정치엘리트를 넉넉히 공급할 수 있는 토대를 마련하기 위한 노력이 필요하다. 이를 위해서는 첫째, 후보공천제도를 정비할 필요가 있다. 정당공천제도를 민주화하려는 노력이 가속화되고 있지만 후보자선정과정에서 당원의 참여가 매우 제한적이기에 후보자들이 납득할 수 있을 만큼 투명한 심사기준을 마련할 필요가 있다. 그래야 더불어민주당의 동구청장후보 공천과정에서 제기된 불공정시비와 같은 불협화음도 피할 수 있다.

둘째, 기초의회, 광역의회, 기초단체장, 광역단체장 등의 상향적 경로를 통해 지역의 정치엘리트들이 전국적인 영향력을 갖는 인물로 성장할 수 있는 정치문화를 마련할 필요가 있다. 황아란·서복경(2014, 169)이 지적하였듯이 "미국의 전국적 정치엘리트들은 일견 부와 대중적 인기를 통해 일약 유명 정치인으로 등장한 것처럼 보이지만 실상은 풀뿌리 지방의원에서부터 전략적 선택을 통해 정치적 사다리를 올라온 정치인들이 다수"라는 사실을 참고할 필요가 있다.

셋째, 주요 정당들이 지역정당조직의 자율성을 강화할 필요가 있다. 지병근(2016, 207)이 지적하였듯이, "중앙당의 대의기구와 집행기구에 지역의 목소리를 대변할 수 있는 이들이 참여하고 있음에도 불구하고 여전히 당원의 입당과 복당을 비롯한 시·도당의 일상업무는 물론 공천과정에서 시·도당의 자율성을 침해하는 결정을 할 수 있다." 이는 당내에서 중앙당에 영향력을 발휘할 수 있는 예비후보가 경선이나 공천 과정에서 더 유리한 위치에 설 수 있다는 것을 의미한다. 단수 공천의 경우 역시 당 내에서 유력 후보들이 출마를 시사함에 따라 정치 신인이나 당 내에서 영향력이 미비한 후보들이 출마 자체를 포기하게 되는 문제를 야기한다. 정당의 공천 과정에서 후보자들과 중앙당 유력인사 사이에 형성된 유착관계에 의한 공천은 결국 지역 주민들의 실질적인 참여를 배제하는 결과를 초래할 수 있다. 이러한 문제점들을 극복할 수 있도록 제한된 지역을 기반으로 정당을 창당할 수 있도록 요건을 완화하는 법제도 개선도 필요하다.

넷째, 자발적으로 시민들이 참여할 수 있는 다양한 정치참여활동 프로그램을 마련할 필요가 있다. 이를 통해 시민들이 청소년시기

공동체 사회 안에서 학교에서 배우기 어려웠던 현실의 정치에 참여함으로써 자치의 주체로서 자신들의 역할을 각인할 수 있는 기회를 제공할 필요가 있다. 정당이나 지방자치단체가 SNS를 이용해 시민들의 의사를 수렴하고 정책화하려는 노력 또한 기울여야 한다. 다만 정보통신기기의 기술적인 결함과 불안정성이 보완되어야 한다. 만일 해킹과 같은 기술적인 조작으로 선거결과가 왜곡된다면 이는 민주주의에 심각한 위협이 될 수 있다.

현 정부는 지방정부의 자율성을 강조하며 지방분권을 지지한다. 지방자치의 장점을 살리고 단점을 배제하기 위해선 시민들의 지역정치참여가 가장 중요하다. 하지만 수년간의 노력에도 지방정치에 대한 관심은 중앙정치만큼 높지 않은 것이 사실이다. 따라서 시민들의 자발적인 참여와 이들의 지역정치 참여를 지원하려는 중앙정부와 지방정부의 지속적인 노력이 필요하다.

참고문헌

KBS. 2018. "광주 구청장 3곳 민주당 후보 우세." KBS(6.5). http://news.kbs.co.kr/news/view.do?ncd=3659988&ref=A (검색일: 2018. 12. 7).

KOSIS 국가통계포털. 2018. "인구동향조사: 시군구/합계출산율, 모의 연령별 출산율." 통계청 사회통계 인구동향과(8. 22). http://kosis.kr/statHtml/statHtml.do?orgId=101&tblId=DT_1B81A17&vw_cd=MT_ZTITLE&list_id=A21&seqNo=&lang_mode=ko&language=kor&obj_var_id=&itm_id=&conn_path=MT_ZTITLE (검색일: 2018. 12. 15).

광주광역시 동구. 2018. "2018년 4월 동별·연령별 인구현황." 광주광역시 동구 행정지원과(5. 1). https://www.donggu.kr/board.es?mid=a10305010000&bid=0223#content (검색일: 2018. 12. 15).

김다란·정유진. 2018. "광주동구 지방채 조기상환 또다시 '공방'." 『남도일보』(3. 27). http://www.namdonews.com/news/articleView.html?idxno=467823 (검색일: 2018. 12. 29).

김용호. 2011. "한국의 선거 참여 관찰 연구에 대한 성찰." 『한국정당학회』, 231~249.

김태규. 2018. "민주당 경선판 ±10% 규정이 뒤흔든다." 『한겨레』. (4. 8). http://www.hani.co.kr/arti/politics/politics_general/839660.html (검색일: 2018. 12. 5).

김현. 2018. "양혜령 "민주당 불공정 경선…탈당" 지지자명 명부 누락… 경선 불복 20% 감점 "양혜령 죽이기라고 의심할 수밖에 없다." 『광주드림』(5. 8). http://www.gjdream.com/v2/news/view.html?news_type=

201&uid=487439 (검색일: 2019. 1. 28).

더불어민주당 공보국. 2018. "지방선거기획단 회의 결과." 더불어민주당(2. 7). http://theminjoo.kr/briefingDetail.do?bd_seq=99421(검색일: 2018. 12. 5).

더불어민주당 공보국. 2018. "소병훈 선관위원, 서울/경기/광주 경선결과 브리핑." 더불어민주당(4. 20). http://theminjoo.kr/briefingDetail.do?bd_seq=112367 (검색일: 2018. 12. 5).

더불어민주당 공보국. 2018. "제7회 전국동시지방선거 후보자 추천을 위한 경선시행세칙." 더불어민주당(4. 2). http://theminjoo.kr/noticeDetail.do?bd_seq=108709 (검색일: 2018. 12. 7).

더불어민주당 광주광역시당. 2018. "제7회 전국동시지방선거 더불어민주당 광주광역시당 기초단체장 경선 결과 발표." 더불어민주당(5. 5). http://www.kjminjoo.kr/index.php?mid=board03_02&page=2&document_srl=4601 (검색일: 2018. 12. 5).

류형근. 2018. "광주 동구의회·구청장 지방채 갈등… 성명서 통해 상대 비난." 『뉴시스』(3. 27). http://www.newsis.com/view/?id=NISX20180327_0000264372&cID=10809&pID=10800 (검색일: 2018. 12. 5).

바른미래당. 2018. "2018년도 제7회 전국동시지방선거 및 광역의원·기초의원 예비후보자자격심사 공모." 바른미래당(3. 30). http://www.publickj21.com/board/detail/8#div_page_title (검색일: 2018. 12. 7).

바른미래당. 2018. "바른미래당 제 4차 공직선거후보자추천 심사 결과." 바른미래당(5. 18). http://www.publickj21.com/board/detail/128#div_page_title (검색일: 2018. 12. 7).

바른미래당. 2018. "전덕영 광주시장 후보, 김영우 동구청장 후보와 남광주시장 앞 유세 주요 내용." 바른미래당(6. 4). http://bareunmirae.kr/kr/news/comment.php?bbs_data=aWR4PTgyMjMmc3RhcnRQYWdlP

TAmbGlzdE5vPTYmdGFibGU9Y3NfYmJzX2RhdGEmY29kZT1uZXdzX2NvbW1lbnQmc2VhcmNoX2l0ZW09JnNlYXJjaF9vcmRlcj0=||&bgu=view&code=news_comment (검색일: 2018. 12. 15).

박사라. 2018. "경조사로 분류 … 책값으로 수백만원 오가도 처벌 조항 없어." 『중앙일보』(3.5). (검색일: 2018.12.5).

박철홍. 2017. "광주 동구 재개발사업 순항…4만명 인구유입 기대." 『연합뉴스』(12. 20). https://www.yna.co.kr/view/AKR20171220106500054 (검색일: 2018. 12. 3).

송창헌. 2018. "민주평화당 광주 4개 구청장 후보 등 확정." 『뉴시스』(4. 22). https://news.joins.com/article/22557562 (검색일: 2018.12.5).

송창헌. 2018. "민주평화당 광주시당 후보 공천위원회 본격 가동." 『뉴시스』(4. 1). https://news.joins.com/article/22495904 (검색일: 2018. 12. 5).

여운창. 2018. "미래당·평화당, 광주 동구 빚 청산 놓고 공방(종합)." 『연합뉴스』(6. 4). https://news.naver.com/main/read.nhn?mode=LSD&mid=sec&sid1=100&oid=001&aid=0010128174 (검색일: 2018. 12. 7).

오영수·박민우. 2016. "20대 총선 선거구 확정...16곳 신설−9곳 통합." 『광주데일리뉴스』(2. 28). http://www.gjdaily.net/news/articleView.html?idxno=18608 (검색일: 2018. 12. 3).

이재은. 2018. "與, 지방선거 광역비례 지지도에서 모든 권역 1위." 『뉴시스』(5. 15). http://www.newsis.com/view/?id=NISX20180514_0000308358 (검색일: 2018. 12. 7).

전원. 2018. "바른미래당, 평화당 광주 동구청장 후보 고발(종합)." 『뉴스1』(6. 4). http://news1.kr/articles/?3336026 (검색일: 2018. 12. 5).

전진우. 2018. "문재인 대통령 가장 잘한 것 '외교안보', 가장 못한 것 '정치보복'." 『뉴시스』(5. 8). https://news.naver.com/main/read.nhn?mode=LSD&mid=sec&sid1=102&oid=003&aid=0008583430 (검색일:

2018. 12. 7).

지병근. 2016. "중앙당은 어떻게 시·도당을 통제하는가?: 한국주요정당들의 분권화 사례 분석." 『의정논총』 제11권 제2호, 181~210.

행정안전부. 2017. "내가 사는 지역 안전지수 확인하세요!." 행정안전부 예방안전과(12. 13). https://www.mois.go.kr/frt/bbs/type010/commonSelectBoardArticle.do?bbsId=BBSMSTR_000000000008&nttId=61024 (검색일: 2018. 12. 7).

홍용희. 1998. "참여관찰과 심층면담 – 연구자와 연구대상자의 관계." 『교육과학연구』 제28집, 113~129.

황아란·서복경. 2014. "지방 선출직 공직자의 경력상향에 관한 연구 – 제3~5회 지방선거를 중심으로." 『한국정당학회보』 제13권 2호, 165~192.

제 3 장 서구: 현직효과와 정당효과

CHAPTER

03 서구: 현직효과와 정당효과

서주희, 이송빈, 마청미, 정재훈, 조혜진

Ⅰ. 서 론

이 연구는 제7회 6·13 전국동시지방선거 가운데 광주광역시 서구기초단체장 선거에 관한 것이다. 당시의 선거를 앞두고 시행된 기초단체장 후보들에 대한 여론조사에서는 현직자였던 임우진이 압도적으로 1위를 달리고 있었다. 그러나 더불어민주당 중앙당은 그가 음주운전 2회 경력을 이유로 시도당과의 협의 없이 후보자격을 박탈하였다(2017. 3. 30). 비록 임우진을 지지하는 일부 단체들이 이에 반발하였으나, 더불어민주당은 이를 무시하고 기존의 결정을 번복하지 않았으며 노무현정부시절 대통령비서관 출신인 서대석 후보를 공천하였다. 그 후 임우진 후보는 무소속으로 출마하여 민주평화당의 이성일 후보와 단일화를 통해 서대석 후보와 양자 대결을 펼쳤다.

광주광역시 서구의 기초단체장선거는 더불어민주당의 공천과정에서 중앙당의 일방적인 공천 개입과 일관성 없이 적용된 심사기준이 가장 큰 변수로 작용할 것으로 보였다. 그러나 과거 서구청장이었던 전주언이 탈당하여 무소속으로 당선된 사례가 있었기에 그와 유사한 행보를 보였던 임우진이 과연 이번 선거에서 어떠한 성과를 거둘 수 있을 것인지도 관심의 초점이 되었다. 비록 이번 지방선거에서 더불어민주당의 독식이 예상되었지만, 현직 단체장인 임우진의 무소속 출마는 더불어민주당에게 상당한 위협이 될 수밖에 없었다.

보다 구체적으로 이 연구가 주목하는 것은 다음과 같다: 첫째, 후보자들의 정치적 경력 가운데 막강한 대통령 비서실 경력이 과연 시의원 경력에 비해서 더 큰 도움이 되는지 여부. 둘째, 더불어민주당의 기초단체장 후보 공천과정에서 도덕성 기준이 과연 제대로 작동하였는지 여부. 셋째, 지역주의적 투표행태가 지배적인 지역에서 과연 지역을 대표하는 지역정당의 후보공천 여부가 현직자 효과보다 선거결과에 더 큰 도움이 되는지 여부, 넷째, 후보자들의 공약이 유권자들의 선택에 어떠한 영향을 미쳤는지 등이다.

이를 위해 이 연구는 중앙선거관리위원회, 광주광역시 서구청 홈페이지, 더불어민주당 광주광역시당 홈페이지 등에 공개된 자료들을 이용하여 이 지역의 사회경제적, 정치적 특성을 살펴보고, 더 나아가 이번 지방선거에 미친 영향을 분석하였다. 아울러 이 연구는 TV 토론회, 인터넷 기사 등을 이용해 서구 기초단체장 후보들의 공천경쟁과정을 분석하였으며, 심층 면접과 선거운동 등의 참여관찰을 통해 후보자의 배경, 경험, 행동, 후보자들이 생각하는 서구의 현안과 이들의 공약에 관한 자료를 수집 분석하였다.

풀뿌리 민주주의를 위해서는 지방선거과정에 중앙당이 과도한 영향을 미치는 것은 결코 바람직하지 않다. 중앙정치가 지방정치를 예속시키는 폐해를 방지하기 위하여 더불어민주당은 지방선거 공천권을 시·도당에 이양하는 혁신안을 제시했다(김태은 2018). 하지만 이 연구가 주목하는 광주광역시 서구청장 후보공천 과정에서도 잘 드러나듯이 이번 지방선거에서도 더불어민주당의 중앙당과 시·도당 간 협의는 충분히 이루어지지 않았고, 당초 제시된 혁신안이 무력하게 되었다. 이러한 점에서 이 연구는 현역단체장이지만 무소속으로 출마한 후보와 지역에서 절대적인 영향력을 행사하는 정당의 공천을 받은 후보와의 선거경쟁과정에서 나타나는 특성은 물론 지방선거의 후보공천과정에서 작동하는 중앙당의 영향력에 대한 이해를 높이는 데 기여할 수 있을 것이다.

이 연구의 구성은 다음과 같다. Ⅱ절에서는 이 연구의 분석대상인 광주광역시 서구의 사회경제적 특성과 역대 선거결과에서 나타난 특징을 간단히 살펴보고, Ⅲ절에서는 이 지역의 기초단체장 선거에 출마한 후보자들의 경력, 공약 등을 중심으로 선거과정 전반을 소개할 것이다. Ⅳ절에서는 후보자들에 대한 인터뷰 결과를 토대로 이들의 주요 지지기반 및 시민사회와의 연계, 이들이 바라보는 서구의 주요현안, 선거캠프인단, 선거자금 조성 방법, 공천과정에 대한 평가 등을 제시하였다. 마지막으로 Ⅴ절에서는 분석결과를 종합하고 그 함의 그리고 광주광역시 서구의 지역정치에 대하여 논할 것이다.

Ⅱ. 광주광역시 서구의 사회경제적 특성과 역대 선거 결과

1. 서구의 사회경제적 특성

광주광역시 산하 5개 자치구(自治區) 가운데 하나인 서구는 1973년 7월 1일 구제실시로 남·서부·지산 출장소를 통합하여 만들어졌다. 광주의 중심부에 위치하여 “상무·풍암·금호지구 등 광주에서 가장 쾌적한 주거환경을 자랑하고 있을 뿐만 아니라 시청사 입주로 광주 행정의 중심지역이라 할 수 있다”(광주광역시 서구청 2016). 또한 터미널 등이 광천동에 위치하여 교통의 중심 역할을 하며, 상무동과 양동처럼 신·구 도심과 농촌이 붙어있기 때문에 어느 지역보다 주민의 다양한 의견이 나오는 지역이기도 하다.

<표 3-1>에 잘 나타나 있듯이 선거직전인 2018년 4월 현재 서구의 총인구수는 305,483명이고, 풍암동, 금호동, 상무동 등의 주거밀집지역은 인구 밀집 현상을 보이며 양동, 농성동, 서창동 등의 구도심 인구는 신도심과 비교하면 인구 격차가 현저하게 차이가 나고 있다. 이는 후술하겠지만, 이 지역의 기초단체장 후보들이 공통적으로 구도심 개발을 공약으로 제기한 배경이라고 할 수 있다.

〈표 3-1〉 현 서구 인구 현황(2018. 4 기준)

동명	세대수	인구수			비고 (인구수 순위)
		계	남	여	
합계	125,246	305,483	150,161	155,322	
양동	2,292	4,416	2,177	2,239	18
양3동	2,135	4,878	2,430	2,448	17
농성1동	4,861	9,022	4,504	4,518	14
농성2동	2,817	5,357	2,738	2,619	16
광천동	4,354	9,306	4,728	4,578	13
유덕동	4,549	11,364	5,799	5,565	11
치평동	12,455	31,178	15,075	16,103	2
상무1동	10,409	23,363	11,660	11,703	5
상무2동	12,247	25,330	12,433	12,897	4
화정1동	7,609	15,981	7,699	8,282	10
화정2동	7,879	21,624	10,813	10,811	7
화정3동	4,468	11,110	5,474	5,636	12
화정4동	6,520	17,242	8,397	8,845	9
서창동	2,491	5,453	2,854	2,599	15
금호1동	8,721	22,238	10,663	11,575	6
금호2동	10,331	30,396	14,890	15,506	3
풍암동	14,744	39,769	19,530	20,239	1
동천동	6,364	17,456	8,297	9,159	8

출처: 광주광역시 서구청 인구통계정보(광주광역시 서구청, www.seogu.gwangju.kr).

2. 역대선거결과

아래의 <표 3-2>는 역대 서구의 기초단체장 선거결과를 요약한 것이다. 이 표를 살펴보면 제5회 전국 동시 지방선거 때 무소속의 전주언을 제외하면 역대 지방선거 당선자들은 모두 민주당계 정당의 공천을 받은 이들이었다. 이는 광주광역시의 다른 자치구와 마찬가지로 서구에서도 민주당계 정당이 독점적 지위를 향유해왔으며, 매 선거마다 유권자들은 이들이 공천한 후보들에 대한 일방적인 지지를 보여 왔음을 의미한다.

매우 예외적인 사례라고 할 수 있는 전주언의 경우, 2006년 제4회 전국동시지방선거 때에는 민주당 후보로 구청장에 당선되었지만, 제5회 전국동시지방선거에서는 관권선거논란으로 검찰 조사를 받게 되자, 민주당을 탈당하여 무소속으로 출마하였다. 하지만 그는 높은 인지도와 현직단체장경력을 바탕으로 무소속이었음에도 불구하고 재선에 성공할 수 있었던 것으로 보인다. 그러나 결국 공직선거법 위반과 뇌물 수수 혐의로 기소된 전주언 서구 기초단체장은 당선이

〈표 3-2〉 서구 기초단체장 역대 선거 결과

구분	후보별 득표수(득표율)						투표자 수 /선거인 수
제1회 (1995.6.27.)	민주 자유당	민주당	무소속			계	96,250 /148,678
	문영식	이정일	범진호			94,583	
	11,152 (11.79)	77,974 (82.43%)	5,457 (5.76%)				

<table>
<tr><td rowspan="3">제2회
(1998.6.4.)</td><td></td><td>새정치
국민회의</td><td></td><td></td><td></td><td>계</td><td rowspan="3">69,935
/160,656</td></tr>
<tr><td></td><td>이정일</td><td></td><td></td><td></td><td rowspan="2">66,170</td></tr>
<tr><td></td><td>66,170
(100%)</td><td></td><td></td><td></td></tr>
<tr><td rowspan="3">제3회
(2002.6.13.)</td><td>한나라당</td><td>새천년
민주당</td><td>무소속</td><td>무소속</td><td></td><td>계</td><td rowspan="3">85,486
/204,779</td></tr>
<tr><td>정필중</td><td>김종식</td><td>김상집</td><td>정영로</td><td></td><td rowspan="2">83,883</td></tr>
<tr><td>4,891
(5.83%)</td><td>56,616
(67.49%)</td><td>14,018
(16.71%)</td><td>8,358
(9.96%)</td><td></td></tr>
<tr><td rowspan="3">제4회
(2006.5.31.)</td><td>열린
우리당</td><td>민주당</td><td>민주
노동당</td><td>무소속</td><td></td><td>계</td><td rowspan="3">102,573
/221,034</td></tr>
<tr><td>김종식</td><td>전주언</td><td>강기수</td><td>신현구</td><td></td><td rowspan="2">101,550</td></tr>
<tr><td>37,279
(36.70%)</td><td>43,831
(43.16%)</td><td>11,234
(11.06%)</td><td>9,206
(9.06%)</td><td></td></tr>
<tr><td rowspan="3">제5회
(2010.6.2.)</td><td>한나라당</td><td>민주당</td><td>민주
노동당</td><td>국민
참여당</td><td>무소속</td><td>계</td><td rowspan="3">113,764
/222,260</td></tr>
<tr><td>하방수</td><td>김선옥
(여)</td><td>강기수</td><td>서대석</td><td>전주언</td><td rowspan="2">112,240</td></tr>
<tr><td>3,820
(3.40%)</td><td>38,860
(34.62%)</td><td>11,997
(10.68%)</td><td>12,312
(10.96%)</td><td>45,251
(40.31%)</td></tr>
<tr><td rowspan="3">제6회
(2014.6.4.)</td><td>새누리당</td><td>새정치
민주연합</td><td>무소속</td><td></td><td></td><td>계</td><td rowspan="3">142,202
/242,201</td></tr>
<tr><td>임인현
(여)</td><td>임우진</td><td>신광조</td><td></td><td></td><td rowspan="2">139,874</td></tr>
<tr><td>8,868
(6.33%)</td><td>97,853
(69.95%)</td><td>33,153
(23.70%)</td><td></td><td></td></tr>
</table>

출처: 중앙선거관리위원회 역대 선거 정보.

무효되었고, 2010년 10월 27일 재보궐 선거를 실시하여 무소속의 김종식이 22,400표(37.88%)를 얻어 당선되었다(연합뉴스 2010).

아래의 <표 3-3>은 지난 2014년 실시된 제6회 전국동시지방선거에서 제시된 후보자들의 공약들이다. 이 표에 잘 나타나 있듯이 새누리당 임인현 후보의 공약(마륵동 탄약고 주변의 문화콘텐츠 지구 육성, 지구별 공동주택 개발 사업), 새정치민주연합 임우진 후보의 공약(아름다운 동행, 양동시장 육성, 구도심 재개발, 재건축사업), 무소속 신광조 후보의 공약(청년창업지구의 조성과 지원)들은 공통적으로 서구 내 도심 간의 불균등한 발전 차이를 극복하기 위한 방안들로, 이는 나중에 살펴보겠지만 이번 선거에서도 마찬가지였다.

〈표 3-3〉 제6회 전국 동시 지방선거 후보자 공약

임인현(새누리당)	임우진(새정치민주연합)	신광조(무소속)
① 마륵동 탄약고 주변의 문화콘텐츠 지구 육성	① 깨끗하고 열린 공직사회를 구현	① 아파트 협동조합 육성
② 다문화 방송국 설립	② [아름다운 동행] 구민 대통합시대를 열겠다.	② 청년창업지구의 조성과 지원
③ 지구별 공동주택 개발 사업	③ 미래형[제2서구노인복지관]을 건립	③ 중소상인보호
	④ 양동시장을 전국 최고 전통 시장으로 육성	
	⑤ 구도심 재개발, 재건축 사업으로 지역균형 발전	

출처: 중앙선거관리위원회 제6회 전국동시지방선거 당선인 선거공약 모음집, 선거정보도서관 후보자 선전물.

Ⅲ. 기초단체장 후보공천

1. 기초단체장 후보경선

<표 3-4>에 요약되어 있듯이 이번 지방선거를 앞두고 실시된 더불어민주당의 서구 구청장후보공천에는 5명의 후보가 등록하였다. 다른 정당들에 비해서 더불어민주당의 경우 공천을 받을 경우 본선에서 당선이 유력하기 때문에 적지 않은 수의 후보자들이 공천을 신청한 것이다. 이 연구의 서두에서 이미 밝혔듯이 유력한 후보였던 임우진 현직 구청장은 더불어민주당의 공천과정에서 탈락하여 무소속으로 출마하게 되었다. 그러나 임우진은 음주운전 2회 적발을 사유로 중앙당에 의해 공천에서 배제된 반면, 더불어민주당이 공천한 서대석은 그보다 많은 음주운전 3회가 적발되었기 때문에 형평성 논란이 불가피하였다. 더불어민주당은 서대석의 음주운전 적발이 10년 전 일이라는 근거를 제시하며 논란을 피할 수 없게 된 것이다.[1]

서대석이 음주운전경력에도 불구하고 도덕성과 인지도 측면에서 유리했던 김보현 후보(2위)를 제치고 서대석 후보가 최종 경선에 승리했다. 이는 공천과정에서 서대석 후보에게 유리한 무언가가 있었다는 것인데, 이는 서대석 후보가 노무현 전 대통령 참여정부 시절 비서관을 역임하였다는 점을 들 수 있다. 그의 대통령비서실 출신경력은 이번 지방선거에서 기초단체장 후보로 공천신청을 한 이들(남구: 전 청와대 행정관 김병내, 광산구: 노무현 정부 청와대 행정관 김

1 김보현 예비후보 인터뷰 내용 참고: "이번 더불어민주당이 공천배제 기준을 설정할 때 청와대의 고위공직자 채용 기준을 공천 기준에 그대로 적용했다. 그래서 역사상 공천 후보 선출 과정에서 도덕적 기준이 가장 강조되고 있다"

삼호)과 마찬가지로 문재인 정권하에서 공천을 받는데 상당히 유리하게 작용하였을 것으로 보인다.

〈표 3-4〉 제7회 전국 동시 지방선거 예비후보

정당	이름	성별	직업	경력
더불어민주당	김보현	남	정당인	(전)19대 문재인대통령후보 광주선대위 공동선거대책본부장 (전)광주광역시의회 더불어민주당 대표의원
더불어민주당	김성현	남	정당인	(전)문재인 대통령후보 중앙선대 60년민주당계승위 본부장 (전)이용섭광주광역시장후보 선대 본부장
더불어민주당	김금림	여	아시아청소년 비전문화연구원 원장	(현)아시아청소년 비전문화연구원 원장 (전)중앙대학교 BK21문화예술산업혁신연구단 박사후 연구원
더불어민주당	서대석	남	정당인	(전)노무현대통령비서실 비서관 (전)(재)광주과학기술진흥원 원장
더불어민주당	김영남	남	정당인	(전)더불어민주당 광주시의회 원내대표 (전)제19대 문재인 대통령후보 광주 공동선거대책위원장
민주평화당	이성일	남	호남매일신문사(사장)	(전)제19대 대통령선거 국민의당 종합상황실 부실장 (현)민주평화당 정책의 부의장
무소속	임우진	남	광주 서구 구청장	(현)광주광역시 서구청장 (전)광주광역시 행정부시장

출처: 중앙선거관리위원회 제7회 전국 동시 지방선거 예비후보자 등록.

2. 기초단체장 후보 공약

제7회 동시지방선거에서 서구의 기초단체장 후보로는 더불어민주당이 서대석 후보, 민주평화당이 단독후보였던 이성일 후보를 공천하였으며, 이들과 함께 무소속으로 임우진 후보가 출마하게 되었다. 그러나 사실상 이 선거는 전국적으로 압도적인 지지를 얻고 있던 더불어민주당으로부터 공천을 받은 서대석 후보와 현직자효과를 누릴 수 있었던 임우진 후보 간의 양자대결이었다.

아래의 <표 3-5>는 이들이 제시한 5대 공약이다. 이 표가 잘 보여주듯이 두 후보의 공약에서 나타난 공통점은 서구 시민의 복지 부분에 중점을 두었다는 점이다. 다만, 공약의 실천방안에서 정책이행기간과 재원조달방안에서 어느 정도 차이가 있었다. 서대석 후보

〈표 3-5〉 후보들의 공약(서대석, 임우진)2

더불어 민주당 서대석	무소속 임우진
1. 구청장 직속 일자리 위원회 설치	1. 서구민이 삶의 질 향상
2. 서구 제2 노인복지타운 건립	2. 성숙한 선진 시민사회 조성
3. 서구에 구립 산후조리원 설치	3. 품격 높은 지방정부
4. 장애인이 잘 사는 서구 만들기	4. 서구 주민지도형 복지공동체 모델 구현
5. 미세먼지로부터 숨 쉬는 서구 만들기	5. 미래지향적 지역발전 기반구축과 도시 정책운영

출처: 중앙선거관리위원회 지방선거 후보자 공약(구시군의장).

2 이성일 후보는 중도사퇴하여 중앙선거관리위원회의 후보자 공약비교에는 포함시키지 않았다.

의 경우 이를 상당히 상세하게 제시하였다. 예를 들면 "2018년 7월 구청장 직속 일자리 위원회 신설(상설 조직화) → 2019년 1월까지 지자체 및 정부 위원회 네트워크 구축 → 2022년 구청장 재임 기간까지 계속 추진"하고, "조직개편 및 인원 충원에 필요한 인건비, 구비, 통상적 지출 비용으로 별도의 재원 조달"은 필요 없다고 선거 공약에 구체적으로 명시하였다(중앙선거관리위원회 후보자선전물). 하지만 임우진 후보의 경우에는 "정책 이행 기간을 2018년 6월부터 2022년 5월까지, 재원조달방안은 국·시비, 구비, 민자 유치" 등으로 간단히 언급하였다(중앙선거관리위원회 후보자선전물).

Ⅳ. 선거과정: 인터뷰 결과

이 절에서는 광주광역시 서구의 기초단체장선거에 참여한 후보자들의 인터뷰를 통해 이들이 중앙공원, 신도시와 구도심 격차 해소 등 서구의 주요현안에 대한 인식, 이들의 선거운동조직 구성과 선거기금조성 방안, 그리고 공천과정에 대한 평가를 다루었다. <표 3-6>은 이를 요약한 것이다.

1. 서구의 주요 현안: 중앙공원과 신도시·구도심 격차해소

1) 중앙공원 개발

중앙공원의 그린벨트 해제에 따른 개발이슈와 관련하여 후보자들은 대체로 유사한 입장을 제시하였다. 다만 서대석 후보는 개발이익을 최소화하는 것에 초점을 둔 반면, 이성일 후보는 경제성을 강

〈표 3-6〉 기초단체장 후보 인터뷰

	서대석	이성일	임우진
서구 주요 현안	광주의 허파 '중앙공원' 개발과 구도심의 '도시 재생사업' 추진	'중앙공원' 개발을 통한 친환경적인 도시 '어메니티 도시' 개발	구도심의 '도시 재생사업' 추진
선거운동 조직	더불어민주당 당원 (김보현, 김영남, 송갑석 등) 자원봉사자 및 지인	민주평화당 갑, 을 지역위원회 자생단체와 학연, 지인	자원봉사자 및 지인
선거기금 조성	펀드 조성 및 후원금, 출판기념회	펀드 조성 및 후원금, 개인 자금	개인 자금
공천과정	과거에 청와대에서 일했기 때문에 중앙당, 중앙정부, 청와대와 네트워킹이 잘되어있는 사람이라는 점이 유리하게 작용. "문재인 마케팅"	정당에서의 공헌도 및 당선 가능성, 참신성이 모두 어우러진 후보.	공천과정에서 더불어민주당의 중앙당이 일방적으로 시·도 당의 의견을 묵살하여 공천과정에서 배제됨.

조하였다. 서대석 후보는 인터뷰에서 "우리 서구에는 크게는 이제 광주에 허파라고 할 수 있는 중앙공원이 크게 있는데, 중앙공원이 2020년이 되면 공원 그린벨트 해제가 돼요. 서구 주민들은 100% 국가공원을 해 달라 이런 거고 정부가 이제 돈이 없으니까 특례법을 만들어서 70%는 공원으로 기부체납하고 30%만 개발해라. 그러면 광주에 있는 환경단체들도 그렇게 하되 민간기업이 그 개발에 참여하

게 되면 개발이익을 창출해야 되는 거잖아요. 그래서 민간기업이 아닌 공기업 소위 말하는 LH 같은 데서 참여하게 해서 이익을 최소화하고 공적 부분을 더 강화하는 이런 것을 해야 한다고 생각한다(2018. 5. 9)"라고 하며 중앙공원에 민간기업뿐만 아니라 공기업 또한 참여하게 하여 서구 주민들이 최대한 원하는 방향으로 가야 한다고 언급하였다.

이성일 후보는 "첫 번째로 중앙공원이 2020년에 공원 그린벨트 해제가 돼요. 그러니까 1년 반 후에. 풀리면 시가 수용을 하든지 아니면 민간업자한테 개발을 위탁해야 해요. 그런데 시가 수용할 돈이 없어요. 그러면 위탁을 하면 3을 개발하고 7을 공원으로 조성하는 계획안이 있어요. 그런데 사람들은 인기 얻으려고 7을 더 많이 해서 8, 9까지 가자. 1만 개발한다고 하자 그럴 거 아니에요, 인기 얻으려고. 그러면요. 엉터리가 되어버려요. 저는 그렇게 안 봐요. 최대한 경제성을 고려해줘야 해요. 3 범위 내에서 민간업자가 들어왔을 때. 그리고 공공성을 7이 최대한 보장 되도록 해야 해요. 그러니까 편리성, 효용성, 쾌적성을 다 본 어메니티 도시를 만들어야겠다, 3을 더 늘려서라도 친환경적인 도시를 만들어야겠다(2018. 5. 18)"라고 하며 서구 시민들이 원하는 방향으로 가야 한다는 서대석 후보와 비슷한 맥락의 주장을 하였다.

2) 신도시와 구도심 격차 해소

서구의 오래된 이슈라고 할 수 있는 신도시와 구도심 사이의 격차문제에 대하여 후보들은 양동시장을 비롯한 구도심을 살리기 위한 다양한 방안들을 제시하였다. 서대석 후보는 "또 어떻든 우리 호남 최대의 전통시장이라고 할 수 있는 양동시장이 아직은 죽어있으니까 활성화되지 않고 있어서 그걸 어떻게 활성화할 것인가, 이게 큰 문제 중 하나고. 그다음 양동, 농성동, 화정동 이쪽을 주변으로 대부분이 단독주택이고 구도심인데, 이걸 정부가 도심 재생사업을 해요. 올해 100억을 들어서 하는데 거기에 대해서도 또 좀 더 주민들의 의견을 잘 들어서 구도심이 사람이 사는 의미 있는 도시 재생사업이 되어야 하는데 그걸 어떻게 할 건지 그것도 큰 문제(2018. 5. 9)"라고 하며 신도시와 구도심 격차 해소가 서구의 가장 큰 현안일 것이라고 밝혔다.

임우진 후보는 "서구의 가장 큰 현안이라고 하면, 서구의 구도심과 신도심의 격차를 해소하는 것이에요. 양동, 농성동 등 구도심 지역은 상무지구, 풍암·금호지구에 비해서 격차가 매우 심해요. 낙후되었다는 뜻이에요. 어떻게 해야 낙후된 지역도 사람이 살 수 있는 곳으로 만드냐, 그것은 가장 큰 과제죠. 이러한 과제를 해결하기 위해서 구도심을 되살리는 그런 사업을 내가 공약을 걸 거죠. 구도심을 재생시킨다. 그러한 것을 도시 재생사업이라고 해요. 그러면 이제 어떤 구체적인 방법으로 되살릴 것인가, 그것은 현재 도시를 되살리는 방법은 법적으로 여러 가지가 있습니다. 재개발이 있어요. 또 도시 재생사업이라는 좁은 뜻의 재생사업이 있어요. 재건축도 있어요. 또 주택조합도 있어요. 이러한 개발 방식을 적절히 사용해서 개발할 것입니다(2018. 5. 18)"라고 언급하며 서대석 후보와 비슷한 맥락의 말을 하였다.

3) 기타: 일자리 창출과 군공항 소음

아울러 서대석 후보는 “내가 제일 크게 생각하고 있는 것은 사실은 청년 일자리 문제죠. 그래서 지금 우리 계획으로는 광주 창조경제 핵심센터가 지금 광주과학기술원에 가 있어요. 근데 잘 몰라. 청년들이 접근하기가 쉽지 않아. 그래서 광주창조경제 핵심센터를 서구 쪽으로 이전해 오려고 그래요. 청년 일자리 하면 보통 1년하고 땡 이러고 잘 안되면 폐업하고 막 이러는데 그러지 않고 끝까지 잘 성공할 수 있도록 하는 일. 이게 사실 어떻게 보면 나한테 가장 큰 관심 사항”(2018. 5. 9)이라고 언급하며 광주과학기술원을 서구로 이전하겠다고 말했다.

이성일 후보는 “군 공항이 있어서 항공기 소음이 아주 심해요. 근데 누구도 제한하지 못해요. 그리고 어떤 후보 만나도 그것을 지적하지 않아요. 특히 치평동은 심하고 특히 훈련 기간 걸려버리면. 본 공항에 활주로가 있어요. 그런데 비행기들이 왜 소음이 크냐면 이륙 방향이 크거든. 이륙 방향 활주로를 바꿔야 해요. 그런데 서해안으로 빨리 가끔 편리하게 활주로를 만들었는데 아니면 다른 쪽으로 훈련장소를 변경하게끔 요구를 해야 해요. 방향을 돌려라(2018. 5. 18)”라고 하며 서구의 문제점 중 하나인 항공기 소음에 대해 지적하며 군 항공기의 훈련장소를 변경해야 한다고 언급하였다.

2. 후보들의 지지기반과 선거운동조직 구성 및 선거운동 기금

1) 지지 기반 및 선거운동 조직

이번 선거에 출마한 3인의 기초단체장 후보들은 다양한 지지

기반을 바탕으로 선거운동을 전개하였다. 더불어민주당의 서대석 후보는 시민과의 소통에서 토론회가 중시하고 서구 금호동·화정3동·화정4동 등에 존재하는 공동체 커뮤니티의 회장들과 만남을 통해 토론회를 주최하여 주민들이 원하는 것을 파악해야 한다고 했으며 택시기사 연대나 학생 등 이익단체와는 토론회를 통해 의견을 조율할 것이라고 말했다.[3]

서대석 후보는 "이건 당이 중심이 되는 선거를 치르는 거예요. 그래서 상당히 큰 선거 캠프가 꾸려진 거예요(2018. 5. 9)"라고 언급하며, 더불어민주당의 공천과정에서 공천을 받지 못한 김보현 예비후보자, 김영남 예비후보자, 송갑석 후보 등의 선거 캠프 인단이 더불어민주당의 승리를 위하여 서대석 후보를 돕기 위해 자신의 현재 선거 캠프 인단에 합류한다고 하였고 이외에는 자원봉사자, 서대석 후보의 옛 지인 등이 참여한다고 말했다. 사적인 친분보다는 당에 대한 신뢰와 지지를 바탕으로 모였다고 할 수 있다는 것이다. 그리고 이것이 정당 후보와 무소속 후보의 차이라고 강조하였다.

민주평화당의 이성일 후보는 기독교·동호회·체육모임 등 친분이 있는 지인들이 선거를 도와준다고 하였으며, 자신의 선거 캠프 직원들 역시 지인들로 이루어졌다고 말했다. 또한, 그는 자신의 지지층이 50·60·70대라고 하며 이들을 대상으로 한 봉사, 행사들에 다니며 시민들과 연계를 한다고 했다. 그는 20·30·40대 시민들과의

3 서대석은 "노무현 전 대통령의 의지를 이어받아 사람 중심의 행정을 할 것"과, "주민들은 지역개발을 원하기 때문에 지방선거를 넘어 중앙당, 중앙정부, 청와대와 문재인 네트워킹이 잘 되어있는 기초단체장이 당선되기를 바란다"라고 언급했다. 이어서 "서대석 후보는 자신이 노무현 전 대통령의 비서관이었기 때문에 주민들이 원하는 기초단체장에 적합하다"라고 말했다.

연계가 없어 지지 기반 또한 아주 미미하여 선거 사무소 직원들의 인맥을 적극적으로 이용한다고 언급했다.

이성일 후보자의 주요 캠프 인단 구성원은 민주 평화당의 갑, 을 지역위원회가 주요 세력이고 그 외에는 각종 자생단체나, 기독교 단체, 동호회, 체육모임 등 이런 곳에서 사람들이 자신을 도와주고 있는 것이라고 하였다. SNS는 20·30대, 정책은 40대, 조직과 사무업무는 50대가 중심이 되어 선거캠프를 운영하고 있다고 언급하였다. 이외에도 오래된 학연 등을 통해 맺어진 지인들이 자신의 선거운동을 도와준다고 하였다.

무소속 임우진 후보는 현직 서구 기초단체장이었기 때문에 시민들 사이에서의 인지도가 타 후보들에 비해 비교적 높았고, 그를 지지하는 시민단체들도 여럿 존재하였다. 이들의 지지는 임우진이 중앙당에 의해 공천과정에서 배제되었을 때 더 눈에 띄게 나타났는데, 예를 들어, 대한민국신지식인협회의 광주서구지역위원회, 한국방송통신대 광주지역대학35대총학생회회장단 등이 임우진의 광주 서구 기초단체장 출마를 지지하고, 그가 서구 기초단체장 후보에 최적격자라고 언급하며 중앙당의 처분에 대해 비판한 것을 들 수 있다(김필수 2018). 그리고 나라사랑기도포럼(기독교) 회장·회원 또한 임우진의 광주 서구 기초단체장 출마를 지지하였다(광주일보 2018). 이러한 점으로 미루어 보아 임우진 후보와 시민단체들에 대한 연계는 탄탄하였다고 볼 수 있다. 임우진 후보자는 "선거캠프구성원은 자신과 오래전부터 알았던 지인들, 현 서구 기초단체장을 하면서 알게 된 사람들, 그리고 자신을 돕기 위해 지원한 자원봉사자들로 이루어

져 있다"고 인터뷰에서 말했다.[4]

2) 선거운동기금

인터뷰를 통해 서대석 후보는 선거운동기금에 대해 "보통 선거 비용이 지금 약 1억 7,000만원이 든다"고 언급하며 "법정 비용은 펀드를 모아서 지불하고, 나중에 당선되면 85%~90%를 환급을 받고, 환급받은 것으로 법정 이자를 계산해서 반환하면 된다"고 말했다(2018. 5. 9). 또한 법정 선거비용만을 가지고 치를 수 없는 것도 있는데, 이 경우는 "후원회를 개설하여 후원금도 받고, 그 후원인을 지지세력으로 확장하려고 한다. 그리고 더 쓴다면 선거법 위반이기 때문에 쓰지 않는다"고 선거운동기금에 대해 언급하였다. 그리고 출판기념회에 대한 질문에서 서대석 후보는 출판기념회를 연 것은 "책을 팔기 위한 수단이 아니라 인맥 형성을 위한 것이다. 오히려 적자가 나지 않는다면 다행이다"라고 설명을 덧붙였다.

이성일 후보는 "서구 같은 경우 선거비용이 약 1억 7,000만원이다"라고 언급하며 "법정 비용에 대해서는 첫 번째는 자신의 개인 자금을 사용하고, 두 번째는 3.6% 이자를 더해 돌려주는 펀드를 하고, 세 번째는 후원금, 단체장부터는 약 10일 동안 후원금을 개설할 수 있다"고 언급하였다(2018. 5. 18). 또한 "요즘에는 워낙 눈이 많고 선관위 직원들이 수시로 보기 때문에 이 안에서 법을 위반하기도 어렵다"고 선거운동기금에 대한 생각을 설명하였다.

임우진 후보는 "선거법상 약 2억 가까이가 된다"고 언급하며,

4 임우진 후보자 인터뷰: 선거캠프구성원은 자신과 오래전부터 알았던 지인들, 현 서구 기초단체장을 하면서 알게 된 사람들, 그리고 저를 돕기 위해 지원한 자원봉사자들로 이루어져 있습니다.

"정식으로 저금했던 돈으로 선거운동기금을 사용했고, 나중에 선거관리위원회에서 보전을 받으면 된다"고 말했다(2018. 5. 18). 그는 3월에 연 출판기념회에 대한 질문에 대하여 "책을 팔아서 돈을 벌기 위한 것이 아니라 책으로 자신이 현 서구 기초단체장일 때 4년간 일한 내용을 적어서 주민들에게 보고하기 위한 것이다"고 주장하였다.

3. 공천과정

이미 앞서 언급하였듯이 후보자들은 더불어민주당의 공천과정에 대한 평가가 매우 상이하였다. 서대석 후보는 "우리는 권리당원 50%와 일반 시민 50% 이렇게 했어요. 시민들이 민선 7기의 시장, 구청장들의 후보들 조건을 갖추고 있어야 하는지에 대한 생각이 상당히 많이 굳혀져 있는 거예요. 서구를 발전시키기 위해서는 지방선거를 뛰어넘어서 중앙당과 중앙정부와 청와대와 이런 네트워킹이 잘 되어있는 사람이어야지, 이런 생각을 하고 있었던 것 같아요"라고 언급하며 자신이 과거에 청와대에서 일했기 때문에 유리했을 거라고 말했다(2018. 5. 9). "더불어 또 하나 붙이면, 문재인 마케팅(2018. 5. 9)"이라고 언급하며 그는 "과거에 노무현 전 대통령의 비서관을 했고 문재인 대통령이 그 당시에 비서실장을 할 때 같이 모시고 있었던 사람이었기 때문에 일반 시민들, 당원들이 자신을 서구청장의 후보로 적합하다"고 판단하였다고 주장하였다.[5]

---

5 이처럼 임우진 후보는 더불어민주당의 공천과정에서 자신이 배제된 것에 대하여 문제를 지적하며 자신의 억울함을 털어놓았다. 하지만 그는 기초단체장에 당선이 된다면 자신의 정치이념이 일치하는 더불어민주당으로 다시 복당하겠다고 하였다. 이는 더불어민주당을 지지하는 유권자들을 자기 쪽으로 끌어들이기 위한 것이었다고 할 수 있다. 반면, 더불어민주당의 서대석 후보는

이에 반해, 임우진 후보는 "더불어민주당의 중앙당이 보통 객관적이고 공정한 잣대로 공천을 정해서 알아보는 것이 아니라, 자기 멋대로 그렇게 했다는 거죠. 나를 배제한 사유가 무엇이냐, 10년 안에 음주운전을 2번 적발되어서 처벌받았다는 거예요"라고 하면서 "공천에서 배제할 때는 이유가 있어야 하고, 적어도 시·당의 권한인 것을 뒤집었으면 시·당이 옳은 것인지 자기들이 옳은 것인지 비교도 해보고 토론을 했어야 맞는 거고. 또 그런 일이 다 끝난 후에 이렇게 이의제기를 하면 뭔가 최소한 문답은 있어야 하는데, 이런 거 하나도 없다고요"라고 주장하였다(2018. 5. 18). 그는 이어서 "공천과정에서 당의 규정은 시·도에서 정하게 되어 있고 광주 시·당에서는 그것은 큰 문제가 안 된다고 시·당에서 만장일치로 예외적으로 합격이라고 발표했지만 중앙당 최고위원회에서 그것을 뒤집었고, 뒤집은 사유에 대해 말을 하지 못한다"고 주장하였다. 또한, 그는 뒤집은 이유가 있다면 그 이유를 냄과 동시에 시·당과 상의를 해야 하는데 어떠한 연락도 없이 자기들이 일방적으로 결정했다고 비판하였다. 게다가 임우진 후보는 "중앙당이 결정을 내린 다음에 그것은 문제가 있다고 이의제기를 하면서 자신이 재심을 요구하기도 하고 1인 시위도 하고, 별짓을 다 했는데 단 한마디 말이 없었다"며 더불어민주당 중앙당의 침묵에 대해 강하게 불만을 표출하였다.

이성일 후보는 "공천에서는 일단 경쟁력이 있어야 하는 거고, 그 다음에 정당의 선택은 그 정당에서 어느 정도 몸담고 공헌도가

3회의 음주운전에 대한 부적격 사유에는 언급조차 하지 않았다. 하지만, 과연 도덕적 문제가 단지 10년 전 일이라 하여 지금은 괜찮다고 할 수 있는 것인지 의구심을 제기할 수밖에 없다.

중요해요. 그리고 저를 공천한 부분에서는 여러 가지의 당선 가능성 또 참신성 그 다음에 기본적인 능력 이런 것들이 평가되기 때문에 저는 그게 모든 게 어우러져야 한다고 그렇게 생각해요"라고 하며 공천을 받는 데 필요한 요소들을 자신이 갖추었음을 강조하였다(2018. 5. 18). 아울러 그는 타 후보들의 도덕적인 문제를 매우 비판하며 또한 도덕적으로 문제가 있는 타 후보들에게 공천을 내준 정당들을 비판하는 것에 집중하면서, "묻지마 문재인"식으로 문재인정부의 높은 지지율에 기대어 더불어민주당이 일방적으로 우위를 점하는 지방선거 분위기에 대한 우려도 제기하였다.

V. 결 론

제7회 6·13 전국동시지방선거는 더불어민주당의 압도적인 승리로 종결되었다. 광주광역시 서구청장선거에서도 더불어민주당의 공천을 받은 서대석은 96,441표를 득표하여 66.6%를 차지함으로써, 무소속이지만 현직 구청장이었던 임우진(48,342표, 33.4%)을 제치고 승리하였다(중앙선거관리위원회 선거통계시스템). 절반 이상의 유권자들이 더불어민주당의 서대석을 지지한 것이다. 이는 무엇보다 이번 선거에서 유권자들이 후보자들의 소속정당을 우선 고려하였음을 보여준 것이라고 할 수 있다. 즉, 소속정당의 효과가 현직 효과보다 유권자의 투표 요인에 더 강하게 반영된 것이라는 것이다. 현역 구청장이었던 임우진 후보의 낙선은 지난 제5회 전국 동시 지방선거 때 무소속으로 출마하여 당선된 전주언 후보의 사례와는 매우 대조적이다. 당시 전주언이 당시 당선될 수 있었던 이유는 당시 민주당 후보였던 김선옥 후보의 인지도가 낮았고 뚜렷한 실적도 없었던 반면, 그가 현역 기초단체장으로서 높은 인지도를 가지고 있기 때문이었다. 그러나 이번 지방선거에서는 현직효과가 더불어민주당에 대한 유권자들의 선호도의 영향을 넘어서지 못한 것이다.

아울러 이번 선거에서 주목할 만한 것은 노무현 전 대통령 참여정부 시절 청와대 비서관을 역임하였다는 서대석 후보의 경력이었다. 그는 현역 구청장이었던 임우진은 물론 광주광역시 6·7대 시의원을 역임한 김보현과 김영남을 제치고 더불어민주당의 공천을 받게 되었다. 이와 같은 현상은 광주광역시 타 지역구 내 예비후보자들 경선 결과에서도 나타났는데, 청와대 행정관이라는 경력을 가진 후보자(남구 김병내, 광산구 김삼호)가 시의원을 재직한 후보자들을 제치고 공천을 받았다. 이는 청와대 비서관 경력이 광주광역시 시의원 경력보다 이 지역의 기초단체장 후보공천은 물론 본선 결과에 더 긍정적인 영향을 미쳤을 가능성을 시사해주는 것이라고 할 수 있다.

이번 광주광역시 서구청장 선거는 후보공천과정에서 한국의 정당들이 안고 있는 공천제도의 한계와 함께 중앙당 중심의 정당정치의 문제점을 그대로 보여주었다고 할 수 있다. 앞서 살펴본 것처럼, 더불어민주당 광주광역시당은 임우진 후보의 음주운전이력이 큰 문제가 되지 않는다고 판단하여 과반수로 부적격 예외판정을 하였음에도 불구하고, 중앙당 최고위원회가 이 결정을 뒤집었다. 이는 더불어민주당의 후보공천과정에서 중앙당과 시·도당 간의 협의가 충분하게 이루어지지 않았을 뿐만 아니라 중앙당에 의해 시도당의 결정이 그다지 존중받지 못하고 있음을 보여준다.

당연히 이 결정은 당사자인 임우진 후보의 반발을 살 수밖에 없었으며, 공천과정에 대한 유권자들의 의구심을 불러일으켰다. 이번 지방선거를 앞두고 더불어민주당은 갑작스런 공천기준을 제시함으로써 이를 적용하는 과정에서 상당한 혼란과 형평성 논란을 스스로 자초하였다고 할 수 있다. 광주광역시 서구의 경우에도 임우진 후보와 달리 서대석 후보의 음주운전경력은 10년 전의 일이라는 이유만으로 구제를 받았다. 따라서 정당들은 공천심사를 위한 감점기준을 정할 때 '10년 이내'와 같이 논란을 일으키는 기준보다는 '행위 자체'를 평가기준으로 만들어 공정한 공천과정의 모습을 보여주어야 할 것이다. 또한, 제대로 된 풀뿌리 민주주의를 위해서 시도당의 의견을 충분히 수렴하여 결정해, 지방정치의 민주주의를 실현할 수 있도록 해야 한다.

마지막으로, 이번 지방선거에서 나타난 후보자들에 대한 유권자들의 정보의 수준도 주목해볼 필요가 있다. 서구 시민 2명을 대상으로 인터뷰를 진행한 결과 공통으로 드러난 점은 비록 유권자들은 투표할 때 가장 많이 고려하는 것은 후보자의 정책이나 인성에 관한 것이라고 응답하지만, 정작 후보자의 이름이나 정책에 대해서는 곤란한 기색을 보이며 답하기 어려워 했다는 사실이다. 그리고 이처럼 응답자들이 후보자들의 정책은 거의 알지 못하였다는 사실은 유권자들이 각 후보자의 공약이나 인성보다 후보자의 인지도나 소속 당에 대한 호감도에 따라 투표하는 성향이 있다는 것을 간접적으로 보여주는 것이라고 할 수 있다.[6] 물론 소수의 유권자 인터뷰만

6 「시민 인터뷰」 –20대 학생: "이번 지방선거에서 더불어민주당이 선거에 미치는 영향력이 어느 정도일 거라고 예상하시는지?" (정치에 별로 관심 없는 사

으로 서구 시민들의 특성을 일반화하는 것은 옳지 않지만, 각 후보자를 인터뷰할 당시에도 후보자들이 공통으로 언급했던 내용이 '시민들이 정치를 어려워하며 정치를 자신의 일상과 구분 지어 판단한다'라고 했다는 점을 고려하면 여전히 시민들이 후보자들의 선거공약에 대한 이해도가 그다지 높지 않다는 사실은 향후 지방선거의 질을 높이기 위한 정책을 마련하는 데에 반드시 고려해볼 필요가 있다.

람도 호남에서 더불어민주당이 유리하다는 건 알아요, 근데 저는 그만큼 더불어민주당이 잘하고 있기 때문에 호남에서 많은 득표율이 나왔다고 생각하거든요? 솔직히 이명박·박근혜 정권 때 제대로 정책들 실현됐는지 모르겠고 나라가 정치적으로 후퇴했다고 생각하는데 문재인 정권 들어서 뭔가 일을 제대로 하고 있는 느낌이에요. 그래서 더불어민주당에 더 신뢰도 가고 당원들이 열심히 일하는 느낌이 들어요. 아마 이번 선거에서도 더불어민주당 후보가 당선되지 않을까요?), 50대 택시기사: "임우진 후보가 내세운 정책 중 가장 마음에 드는 것이 있다면?" (아직 정책은 잘 안 봤어. 근데 임우진이가 경력이 있으니까 잘할 거야. 어차피 더불어민주당 서대석이나 임우진 중 한 명이 될텐데 나는 임우진이가 더 믿음직하지. 서대석이도 더불어민주당에서 알아서 잘해주겠지. 문재인이가 있는 당이잖아. 대통령이 워낙 잘하니까.)

참고문헌

광주광역시 서구청 인구통계정보. http://www.seogu.gwangju.kr/index.9is?contentUid=4028484950895ab201508e6f5339013c (검색일: 2018. 5. 22).

광주광역시 서구청. 2016. "광주광역시 서구청". http://www.seogu.gwangju.kr/index.9is?contentUid=9be5df8951f6122e015205972af21f13 (검색일: 2018. 5. 4).

광주일보. 2018. "나라사랑기도포럼 회장·회원, 임우진 후보지지" 「광주일보」(4.19). http://m.kwangju.co.kr/article.php?aid=1524063600629341004 (검색일: 2018. 5. 1).

김태은. 2018. "국회의원과 '젊고 유능한' 구청장 후보의 상관관계." 「머니투데이」(5. 16). http://news.mt.co.kr/mtview.php?no=2018051611417672364 (검색일: 2018. 6. 1).

김필수. 2018. "한국방송통신대 광주·전남지역대학 35대 총학생회 회장단, 임우진 광주 서구청장 예비후보지지 선언" 「nbn」(5. 1). http://www.nbnnews.co.kr/news/articleView.html?idxno=140220 (검색일: 2018. 5. 22).

연합뉴스. 2010. "<격전지 탐방> 광주 서구" 「연합뉴스」(5. 19). https://news.naver.com/main/read.nhn?mode=LSD&mid=sec&sid1=100&oid=001&aid=0003283448(검색일: 2018. 5. 22).

제 4 장

남구: 단수공천과 정당민주주의

CHAPTER

04 남구: 단수공천과 정당민주주의

장인수, 류경훈, 한광규, 장원준, 정진규, 서지원

Ⅰ. 서 론

2018년 6월 13일 실시된 제7회 전국동시지방선거에서 더불어민주당의 광주광역시 남구청장의 단수공천에 대한 논란이 일었다. 더불어민주당 광주광역시당 공직후보자추천관리위원회는 지난 3월 2일 기초단체장 예비후보자 등록신청 이후, 4월 20일 5개 구청장 경선 예비후보 심사 결과를 내놓았다. 그러나 남구는 일부 후보의 탈당 경력 등의 문제로 '중앙당 요청에 따른 보류 지역'으로 지정되었고, 이에 따라 전략공천 혹은 단수추천을 하는 것이 아닌가 하는 소문이 돌았다. 결국 더불어민주당 광주광역시당은 4월 27일, 남구청장 후보로 김병내 전 청와대 행정관을 단수추천하였다.

광주광역시 남구청장에 출마하는 더불어민주당 예비후보들 중 특히 최진 예비후보가 효력정지 가처분신청을 내며 크게 반발하였고, 남구 관내 시민단체가 단수추천 철회를 요구하는 공동 성명서를 발표하는 등 단수추천에 대하여 매우 부정적인 입장을 내놓았다(박지후 2018). 광주광역시 남구에서 더불어민주당의 지지율은 78.1%로, 특별히 전략공천이나 단수추천이 아닌 경선으로도 충분히 경쟁력 있는 후보를 뽑을 수 있었다. 따라서 이 지역의 단수추천에 대하여 중앙당이 자신들이 원하는 후보를 낙하산 공천한 것 아니냐는 의구심을 불러일으켰다(코리아스픽스 2018; 박재정 2018).

이 연구는 제7회 전국동시지방선거에서 더불어민주당의 광주광역시 남구청장 후보공천과정에 대한 것이다. 특히, 이 연구는 이 지역에서 더불어민주당이 경선을 하지 않고 단수후보를 공천한 원인을 규명하는데 초점을 두고 다수의 후보들이 경합한 공천경쟁과정을 분석하였다. 이를 위해 이 연구는 참여관찰을 통해 남구 유권자, 더불어민주당 광주시당 관계자, 김병내·최진 선거캠프 관계자 등을 면담하였으며, 각 후보별 정책 공약, 더불어민주당 공천과정 관련 보도자료 등을 수집하였다. 아울러 이 연구는 일부 남구 유권자들과의 인터뷰를 진행하여 남구청장 후보 단수추천에 대한 반응을 분석하였다.

2018년 제7회 지방선거를 앞두고 더불어민주당이 2016년 총선에서 승리한 국민의당을 대신하여 새로운 지역정당으로 등극할 것이라는 예상이 지배적이던 상황에서 추진된 기초단체장 후보공천과정에 대한 분석을 시도한 이 연구는 일당이 지배하는 영호남의 지역정치가 작동하는 메커니즘을 이해하는 데 도움을 줄 수 있을 것이다. 특히, 이번 선거과정에서 더불어민주당의 남구청장 선거는 공천과정에서 단수공천이 이루어짐으로써 심각한 갈등이 표출되었다는 점에서, 이 지역에 대한 사례분석은 지역의 정치엘리트를 충원하는 과정에서 나타나는 정당차원의 중앙-지방간 관계와 지역정치의 작동방식을 이해할 수 있는 단초를 제공할 것이다.

이 연구는 II절에서 남구의 인구학적 특성과 함께 지난 지방선거에서 나타난 이 지역 유권자들의 투표성향을 살펴보고, 이번 선거에서 각 예비후보들이 제시한 공약을 비교분석하였다. III절에서는 선거캠프 관계자 및 유권자 인터뷰 결과를 기술하고 이에 대한 평가를 진행할 것이다. 마지막 V절에서는 분석결과를 요약하고 남구청장 후보공천사례로부터 정당의 공천방식을 개선하는 데 필요한 정책적 함의를 논하였다.

Ⅱ. 광주광역시 남구의 특성

1. 지리적 특성

광주광역시의 5개 자치구 중 하나인 남구는 1995년 서구로부터 분구(分區)되었으며, 광주광역시에서 가장 역사가 짧은 자치구이다. <표 4-1>의 내용과 같이 면적은 61.01㎢로 광주광역시 전체 면적의 약 12.2%에 해당하며, 인구는 217,982명으로 광주광역시 전체의 14.7%에 해당한다. 광주광역시 남구는 동쪽으로 동구와 전라남도 화순군, 서쪽으로는 서구와 광산구, 남쪽으로는 전라남도 나주시, 북쪽으로는 서구, 동구, 북구에 접해 있다.

〈표 4-1〉 광주광역시 남구 행정동별 주요 현황 비교

	면적(㎢)	인구(명)			주택 보급률(%)	상수도 보급률(%)
		계	남성	여성		
양림동	0.63	7,972	3,723	4,249	61	100
방림1동	0.59	7,564	3,650	3,914	53	100
방림2동	0.51	10,235	4,873	5,362	68	98
봉선1동	0.83	16,022	7,640	8,382	81	100
봉선2동	1.80	30,317	14,288	16,029	95	100
사직동	0.61	5,887	2,999	2,888	62	100
월산동	0.93	9,495	4,871	4,624	78	100
월산4동	0.57	9,557	4,892	4,665	58	100
월산5동	0.44	7,181	3,613	3,568	67	100
백운1동	0.49	13,467	6,380	7,087	66	100
백운2동	0.44	6,461	3,238	3,223	69	100
주월1동	1.27	19,560	9,540	10,020	66	100
주월2동	1.16	9,233	4,576	4,657	62	99
효덕동	8.42	48,191	22,843	25,348	90	96
송암동	6.89	10,810	5,247	5,563	85	75
대촌동	35.40	6,030	2,940	3,090	97	90
남구	61.01	217,982	105,313	112,669	72	97
광주광역시	501.25	1,477,780	732,389	745,391	105	99.8

출처: 광주광역시 남구청, https://www.namgu.gwangju.kr
광주광역시청, http://www.gwangju.go.kr (검색일: 2018. 5. 17).

2. 남구의 역대 선거결과

아래의 <표 4-2>에 잘 나타나 있듯이 1995년 제1회 전국동시지방선거 이후 광주광역시 남구는 민주당계 정당의 공천을 받은 기초단체장 후보의 당선이 이어져 왔다. 2006년 제4회 전국동시지방선거에서도 비록 민주당계 정당이 열린우리당과 민주당으로 나뉘어져 이들 사이에 경쟁이 이루어졌으나, 남구를 포함한 모든 선거구에서 민주당 후보가 당선되었다.

민주화 이후 실시된 역대 국회의원선거 결과를 보더라도 단일 정당에 의해 지역정치가 독점되어왔다는 것을 알 수 있다(<부록 4-1> 참조). 남구의 모든 행정동은 1995년 서구에서 분구(分區)되기 전까지 '서구 을' 선거구에 포함되어 선거가 진행되었고, 분구 이후에는 단일 선거구로 운영되어오다가 2016년 제20대 국회의원선거부

〈표 4-2〉 역대 광주광역시 남구청장 선거 결과

지방선거명	1위	2위
제1회(1995)	민주당/정두채 (77.16)	민주자유당/김동섭 (8.12)
제2회(1998)	새정치국민회의/박용권 (72.12)	무소속/강도석 (23.99)
제3회(2002)	새천년민주당/황일봉 (46.94)	무소속/강도석 (21.97)
제4회(2006)	민주당/황일봉 (50.99)	열린우리당/김화진 (28.73)
제5회(2010)	민주당/최영호 (52.77)	무소속/황일봉 (42.79)
제6회(2014)	새정치민주연합/최영호 (72.96)	무소속/강도석 (15.85)

괄호 안의 수는 해당 후보의 득표율.

출처: 중앙선거관리위원회 선거통계시스템, http://www.nec.go.kr (검색일: 2018. 5. 17).

〈표 4-3〉 광주광역시 남구 제6회 전국동시지방선거 결과 (2014. 6. 4)

	새누리당	새정치 민주연합	통합 진보당	기타정당/무소속	계	투표수 (투표율)	선거인수
시장 선거	이정재 3,160 (3.17)	윤장현 57,010 (57.27)	윤민호 2,357 (2.36)	노동당 이병훈 : 816 (0.81) 무소속 강운태 : 33,798 (33.95) 무소속 이병완 : 2,389 (2.40)	99,530	101,811 (59.19)	171,997
구청장 선거	–	최영호 72,663 (72.95)	–	무소속 강도석 : 15,782 (15.84) 무소속 김대현 : 11,154 (11.19)	99,599	101,801 (59.19)	
광역 의회 (지역)	–	조영표 무투표	–	–	–	–	
	–	유정심 21,394 (65.80)	–	무소속 권용일 : 11,115 (34.19)	32,509	74,663 (43.41)	
	–	박춘수 31,768 (80.50)	박정준 7,692 (19.49)	–	39,460		
광역 의회 (비례)	8,899 (8.98)	71,930 (72.64)	12,390 (12.51)	정의당 : 3,748 (3.78) 노동당 : 2,053 (2.07)	99,020	101,771 (59,17)	

	새정치민주연합			통합 진보당	무소속	계	투표수 (투표율)	선거인수
기초 의회 (지역)	강원호 8,501 (32.46)	남광인 8,342 (31.86)	–	조재옥 2,790 (10.65)	김재오 : 1,930 (7.37) 최민순 : 4,619 (17.64)	26,182	101,760 (59.16)	171,997
	김점기 5,406 (34.23)	박용화 5,467 (34.62)	–	박미영 2,803 (17.75)	김시권 : 2,115 (13.39)	15,791		
	이창호 5,544 (33.19)	박희율 4,995 (29.90)	–	허윤성 1,832 (10.96)	신인용 : 4,330 (25.95)	16,701		
	조기주 7,840 (19.90)	하주아 9,691 (24.60)	심병희 5,860 (14.87)	배진하 6,077 (15.42)	임승호 : 3,594 (9.12) 고재윤 : 2,312 (5.86) 한문덕 : 4,017 (10.19)	39,391		
기초 의회 (비례)	79,400 (81.02)			18,598 (18.97)	–	97,998	101,777 (59.17)	

출처: 중앙선거관리위원회 선거통계시스템, http://www.nec.go.kr (검색일: 2018. 5. 17).

터 동구의 인구 감소로 동구·남구 갑/을로 분구되어 선거가 진행되었다.[1] 남구의 국회의원선거에서는 제16·18대 국회의원선거에서 무소속 강운태 후보가 각각 당선된 경우를 제외하면, 모두 민주당계 정당의 후보들이 당선되었다(<부록 4-2> 참조).

<표 4-3>은 가장 최근에 실시된 2014년 제6회 전국동시지방선거에서 광주광역시 남구의 선거결과이다. 당시의 선거에서는 새정치민주연합 소속의 최영호 구청장이 당선되었다.

Ⅲ. 후보공천과정과 단수공천에 대한 논쟁

1. 더불어민주당 예비후보자들의 출마선언

제7회 전국동시지방선거에서 지난 2018년 3월 2일부터 기초단체장 예비후보 등록신청이 진행되었고, 그 결과 <표 4-4>와 같이 총 6명의 더불어민주당 소속 예비후보가 등록했다.[2] 제일 먼저 출마를 선언한 임형진 전 광주신용보증재단 이사장은 2018년 2월 5일 출마

---

1 남구 분구 이전 '서구 을' 선거구 당시에는 제13대 국회의원으로 평화민주당 박종태, 제14대 국회의원으로 민주당 임복진 후보가 당선되었다. 남구 분구 이후에는 제15대 국회의원으로 새정치국민회의 임복진 후보가 재선하였으며, 제16대에는 무소속 강운태, 제17대에는 열린우리당 지병문 후보가 당선되었다. 이후 제18대 국회의원으로 무소속 강운태 후보가 당선되었으나, 2010년 강 의원의 광주광역시장 출마로 실시된 재보궐선거에서 민주당 장병완 후보가 당선되었다. 이후 장 의원이 제19대에는 민주통합당, 제20대에는 국민의당 후보로 출마하여 당선되어 현재에 이르고 있다. 제20대 국회의원선거에서 남구의 정당별 비례대표 득표율은 새누리당 2.86%, 더불어민주당 26.91%, 국민의당 54,58%, 정의당 6.80% 순이었다.

2 공직선거법 제60조의2 1항에 따라 선거기간개시일(2018년 5월 31일)의 90일 전부터 기초단체장에 대한 예비후보자 등록신청이 가능하다.

〈표 4-4〉 제7회 전국동시지방선거 더불어민주당 소속 광주광역시 남구청장 예비후보자 현황

사진	성명 (연령)	직업	학력	경력
	조성철**1** (50)	정당인	조선대학교 대학원 박사과정	(현) 대통령직속 북방경제협력위원회 전문위원 (전) 대통령직속 지역발전위원회 자문위원
	성현출**2** (55)	정당인	조선대학교 이학박사	(전) 문재인 후보 광주 조직특보 (현) 광주 남구 민주평화통일자문회의 부회장
	김병내 (45)	정당인	한양대학교 공공정책대학원 석사과정	(전) 문재인 대통령 청와대 행정관
	임형진 (59)	정당인	조선대학교 경영학박사	(전) 문재인 후보 광주 선대위원장 (전) 광주신용보증재단 이사장
	정재수 (58)	광주대학교 겸임교수	호남대학교 법학박사	(전) 문재인 후보 광주 선대부위원장 (전) 광주도시철도공사 경영본부장
	최진 (58)	세한대학교 대외부총장	고려대학교 행정학박사	(전) 문재인 후보 광주 선대위원장 (전) 청와대 행정관

1 2018. 4. 5. 사퇴, **2** 2018. 4. 6. 사퇴.

출처: 중앙선거관리위원회 선거통계시스템, http://info.nec.go.kr (검색일: 2018. 5. 18).

기자회견을 통해 "24년 동안 남구의 주민으로 살고 있는 저는, 남구 경제 혁신의 기회가 되는 시점을 맞아 경제 전문가로서 지역을 위해 봉사해야겠다는 생각으로 더불어민주당의 예비후보로 나설 것"이라고 밝혔다(배동민 2018). 이어서 2월 8일에는 성현출 광주광역시 남구 문화원장이 기자회견을 열고 "주민공감 에너지를 활성탄으로 30만 자족도시 스마트 시티 남구를 만들겠다"며(김삼헌 2018b), 2월 12일에는 정재수 광주도시철도공사 경영본부장이 "남구의 변화와 혁신을 기대하는 지역사회의 갈망을 모아 새로운 남구를 향한 뜨거운 발걸음을 내딛겠다"며 출마를 선언했다(여운창 2018a).

김병내 전 청와대 정무수석실 행정관은 3월 5일 기자회견을 통해 "문재인 정부의 강력한 추진력과 의지를 바탕으로 광주와 남구를 비약적으로 발전시킬 수 있는 절호의 기회라고 생각한다"며 '남구가 이끄는 일자리와 경제, 창의교육과 문화예술이 살아 숨 쉬는 남구, 쾌적한 환경·건강한 남구'를 3대 과제로 제시하였다(김삼헌 2018a).[3] 그에 뒤이어 조성철 대통령직속 지역발전위원회 자문위원은 3월 12일 남구청장 출마 기자회견을 통해 자신을 "지방분권시대 지역혁신과 지역발전에 대해 누구보다 열심히 고민하고 공부해온 준비된 후보"로 내세우며 남구와 나주시가 함께 관리하는 광주·전남공동혁신도시 특별행정구역 선포, 혁신도시 내 고형폐기물연료 처리장 가동을 위한 시민공론화위원회 구성, 펫파크·도시근교형 문화관광타운

3 각 예비후보자들은 출마 기자회견과 동시에 다양한 공약을 제시하였다(부록 3). 하지만 이 시기의 공약은 그다지 구체적이지 않았다. 김병내의 경우에도 마찬가지였다(안○○ 더불어민주당 김병내 예비후보 선거운동본부장 면담, 면담일: 2018. 5. 16).

조성, 청년복합커뮤니티센터 설립을 목표로 하겠다는 출사표를 발표했다(여운창 2018b). 더불어민주당 후보로는 마지막으로 3월 21일, 최진 전 더불어민주당 광주광역시당 동구남구갑 지역위원장이 "문재인, 노무현, 김대중 3대 개혁정부에서 일했던 정책 능력과 인적 네트워크를 총동원해서 남구를 누구나 살고 싶어 하는 지방분권 시대의 성공모델로 만들겠다"며 "청년일자리와 교육, 문화, 복지, 도시재생을 5대 역점분야로 정하고, 구체적으로 청년벤처 성공모델 도입, 양림동 선교사문화의 세계화, 무등시장과 봉선시장 지원, 맞춤형 복지를 세부계획으로 제시하겠다"는 공약을 제시하며 남구청장 선거 출마를 공식선언했다(송창헌 2018).

하지만 일부 후보들이 사퇴하며 더불어민주당 후보경선은 총 4명으로 압축되어 진행되었다. 성현출 예비후보가 3월 28일 "지난 2006년에 공직선거법 위반 혐의로 집행유예가 확정됐던 내용을 더불어민주당 광주광역시당 공직선거후보자추천관리위원회에 충분히 소명하지 못했다"며 예비후보직을 사퇴한 뒤 김병내 예비후보 지지를 선언했고, 다음 날인 3월 29일, 조성철 예비후보도 개인의 건강상 문제로 인해 예비후보직을 사퇴하고, 이후 김병내 예비후보 지지를 선언했다(류형근 2018; 이계혁 2018).

2. 더불어민주당의 후보 단수공천과 이에 대한 반발

더불어민주당 광주광역시당 공직선거후보자추천관리위원회는 4월 15일과 16일 양일 간 최진, 임형진, 정재수, 김병내 등 4인의 예비후보에 대한 개인별 면접을 진행하였고, 더불어민주당의 <제7회

전국동시지방선거 후보자 추천을 위한 경선시행세칙> 제8조 1항에 의거하여 권리당원에 대한 ARS투표 50%와 일반 국민에 대한 안심번호 ARS투표 50%를 반영하는 국민참여경선을 시행하기로 하였다(더불어민주당 광주광역시당a 2018). 그리고 이에 따라 4월 20일, 기초단체장에 대한 경선후보가 3배수로 결정될 예정이었다.

그러나 남구는 광주광역시의 다른 자치구들과 달리 '중앙당의 요청에 따른 보류지역'으로 분류되어 경선후보가 결정되지 않았다(더불어민주당 광주광역시당b 2018). 이후 김병내 예비후보자를 단수공천한다고 밝혔다(2018. 4. 27, 더불어민주당 당헌 102조의2, '제7회 전국동시지방선거 공천심사기준 및 방법'의 '단수후보자 선정방법'; 더불어민주당 광주광역시당c 2018). 해당 예비후보자들에 대한 공천적합도 조사 결과 1위였던 김병내 예비후보와 2위 후보자의 차이가 20% 이상이었다는 이유였다.

단수공천 결과가 발표된 이후 임형진 예비후보는 "더불어민주당 경선과정에서 잡음과 의문시되는 점이 있긴 하지만, 문재인 정부와 그 철학과 가치를 함께하고 있는 중앙당의 결정에 따르는 것이 정부의 부담을 최소화시키는 것이라는 판단"을 사유로 예비후보 활동을 마쳤다(박강복 2018). 하지만 정재수·최진 예비후보는 더불어민주당 당헌 제109조(재심) 1항에 의거하여 더불어민주당 중앙당 공직선거후보자추천재심위원회에 남구청장 후보경선결과에 대한 재심신청을 접수했다.[4]

4 제109조(재심) ① 후보자 신청 당사자는 심사결과에 대하여 이의가 있을 경우에는 심사결과 발표시점으로부터 48시간 이내에 국회의원선거와 지방자치단체장선거의 경우 중앙당공직선거후보자추천재심위원회에, … (중략) … 재심

이에 대응하여 김병내 예비후보 측은 "더불어민주당의 당내 경선규칙에 1차 컷오프에서의 면접 및 PT 결과와 함께 후보적합도 평가가 20% 이상 차이 나는 경우 단수공천을 할 수 있다고 규정하고 있다. 이에 따라 더불어민주당 광주광역시당은 단수공천에 대한 중앙당의 결정을 기다리기 위해 '중앙당의 요청에 의한 보류지역'을 발표하였고, 단수공천이 승인되어 광주광역시당에서 발표한 것이다"라며 절차상의 문제가 없음을 강조하였다. 하지만 더불어민주당의 <제7회 전국동시지방선거 후보자 추천을 위한 경선시행세칙>에 단수공천에 대한 내용은 존재하지 않았다.

남구의 단수공천에 대해 가장 크게 반발한 것은 이 지역의 더불어민주당 지역위원장이자 지난 20대 총선에 출마했던 최진 예비후보 측이었다. 최진 예비후보 측은 "후보적합도 평가의 기준표와 가산점이 부여된 부분, 또는 평가 점수의 차이가 발생한 부분에 대한 해명을 요구하였지만 재심청구가 기각되었다. 중앙당의 말대로 20% 이상 차이가 났다면 굳이 단수공천하지 않아도 국민참여경선 과정에서 자연스럽게 결과가 나왔을 것인데, 왜 단수공천을 하였는지 의문이 있다"며 억울함을 호소하였다.[5] 아울러 그는 "김병내 후보는 민주당 소속이면서. 당시 무소속으로 출마했던 강운태 전 광주시장을 지지한 바가 있어 민주당에서 제명된 경험이 있다. 이후 강 전 시장이 당선되면서 관련 공무원으로 임용 제의를 받아 탈당했다"며 후보 경선결과에 문제가 있다고 주장하였다. 그의 말대로 강 전 시장은 지난 2008년에 있었던 제18대 국회의원선거에 무소속으로 출마하여

을 신청할 수 있다. … (후략)

5 박○○(29세, 여, 더불어민주당 최진 예비후보측 인사) 면담(면담일 : 2018. 5. 16).

당선되었는데, 당시 김병내 예비후보는 민주당 당원 신분으로 지지를 선언하여 제명되었다가 지난 2010년 광주광역시의회의원 선거에 출마하기 위해 복당한 전력이 있었다(홍갑의 2012). 최 예비후보 측은 더불어민주당의 공직선거후보자추천규정 제32조 7항의 단서조항을 근거로 하여 단수공천의 부당함을 호소하였다.[6] 그러나 이에 대해 김병내 예비후보 측은 "더불어민주당의 당내경선규칙상 탈당은 3년 이내, 제명은 5년 이내에 해당하는 내용만 감산하도록 되어 있다"며 중앙당의 결정에 문제가 없음을 강조했다.[7]

더불어민주당의 남구청장 후보경선에서 탈락한 이들을 중심으로 김병내의 단수공천이 청와대의 압력 때문이라는 의구심이 제기되었다. 예비후보들 가운데 김병내 예비후보만 청와대 행정관이었고, 따라서 그가 단수공천을 받을 수 있도록 청와대와 중앙당으로부터 이러한 결정을 내린 것 아니냐는 것이었다. 대표적으로 최진 예비후보 측은 "광주광역시장 후보로 확정된 이용섭 후보 역시 청와대 경력이 있었고. 김병내 예비후보도 청와대 행정관 출신이니 그럴 수 있을 것이라는 추측만 있을 뿐, 팩트라고 이야기할 수는 없다"고 주장하였다.[8] 그러나, 김병내 예비후보 측은 "당은 선거를 주관하고,

---

6 제32조(지역구후보자의 심사기준) ⑦ 공천관리위원회가 후보자를 단수로 선정하는 때에는 다음 각 호의 어느 하나를 포함하여 그 사유를 구체적으로 명시하여야 한다. 다만, 제1호를 제외하고는 당적변경 등 당 정체성이 의심되는 자를 단수로 선정하여서는 아니된다.
… (중략) …
3. 2명 이상의 후보자가 추천을 신청하였으나 자질, 능력 또는 경쟁력 등에서 현격한 차이가 있다고 인정되는 때

7 안○○(56세, 남, 더불어민주당 김병내 예비후보 선거운동본부장) 면담(면담일: 2018. 5. 16).

8 박○○(29세, 여, 더불어민주당 최진 예비후보측 인사) 면담(면담일: 2018. 5. 16).

청와대는 국정을 주관한다. 청와대에서 당의 영역을 침범하여 특정 후보자를 꽂는 것은 있을 수 없다"며 청와대 개입설에 대해 강하게 부정하였다.[9]

남구청장 공천을 둘러싼 당내 갈등은 결국 법적소송으로 이어졌다. 김병내 예비후보의 단수공천이 확정되자, 최진 예비후보는 서울남부지방법원에 '공직선거후보추천효력정지 가처분신청'을 제기하였고 이에 서울남부지방법원은 5월 17일, 심리를 열어 양 측의 주장을 청취하였다(이학수 2018). 그러나 법원은 "김 예비후보가 지난해 6월 당대표 1급 포상을 받아 특별한 공로가 있고, 만 45세 이하로 청년가산점 기준에 부합한다. 2008년 징계는 감점 기준인 5년 시한을 지났고, 당 윤리위에 회부돼 징계를 받은 적도 없어 해당행위에 해당한다고 단정하기 어렵다. 또한 공천적합도 조사 결과 김병내 후보는 43.2%, 최진 후보는 12.5%로 30% 이상의 격차가 발생해 김 후보를 단수 추천한 행위가 객관적인 합리성과 타당성을 잃었다고 볼 자료가 없다"며 가처분신청을 기각하였다(2018. 5. 21, 강경남 2018).

가처분신청이 기각당하였음에도 불구하고 최진 예비후보는 "법원에 12개의 흠결과 문제점을 제기했는데, 2개만 답변했고, 그것마저도 편파적이고 부실하기 짝이 없는 내용이었다. 재심을 청구하겠다"고 밝힘과 동시에 더불어민주당을 탈당하고, 무소속 출마를 선언하였다(박준배 2018). 이에 대해 공직선거법을 위반한 것이 아니냐는 논란이 있으나, 공직선거법에서는 경선을 진행한 경우에 한하여 동일 선거구 내 재출마가 불가 조항이 있고, 단수공천의 경우에 대해

---

9 안○○(56세, 남, 더불어민주당 김병내 예비후보 선거운동본부장) 면담(면담일: 2018. 5. 16).

서는 관련 조항이 없어 최 예비후보의 무소속 출마가 가능하였다.[10]

위에 서술된 김병내·최진 예비후보와 캠프 관계자에 대한 인터뷰 이외에도 더불어민주당 및 기타 정당, 무소속 예비후보자와 캠프 관계자 모두에게 인터뷰를 요청하였다. 하지만 민주평화당 박용권

〈표 4-5〉 주요 쟁점에 대한 예비후보자들의 입장

쟁점	김병내 예비후보 측	최진 예비후보 측
단수공천 사유	당내 경선규칙상 후보적합도 평가 결과 20% 이상 차이날 시 가능(확인 결과, 해당 내용 없음)	후보적합도 평가가 20% 이상 차이 난다면 경선과정에서 자연스럽게 결과가 나왔을 것, 단수공천 사유에 의문
김병내 예비후보의 입·탈당 및 제명 문제	당내 경선규칙상 탈당은 3년 이내, 제명은 5년 이내 기록만 감산(확인 결과, 탈당은 4년 이내, 제명 등 징계는 기간 범위 없음)	당내 규정상 당적변경 등 정체성 의심자를 단수공천할 수 없음(확인 결과, 공직선거후보자 추천규정 제32조 7항에 포함됨)
청와대 개입설	청와대에서 당의 영역을 침범하는 것은 있을 수 없음	광주시장 후보와 함께 청와대 출신이므로 합리적 의심 가능
공직선거후보 추천 효력정지 가처분신청	2017년 6월 당대표 1급 포상 만 45세 이하로 청년가산점 공천적합도 조사 결과 김병내 43.2% – 최진 12.5%	법원에 12개 문제사항을 제기하였으나 2개만 답변, 답변내용도 편파·부실

출처: 안○○(56세, 남, 더불어민주당 김병내 예비후보 선거운동본부장) 및 박○○(29세, 여, 더불어민주당 최진 예비후보측 인사) 면담(면담일: 2018. 5. 16).

10 제57조의2(당내경선의 실시) ② 정당이 당내경선을 실시하는 경우 경선후보자로서 당해 정당의 후보자로 선출되지 아니한 자는 당해 선거의 같은 선거구에서는 후보자로 등록될 수 없다. … (후략)

예비후보는 예비후보 등록을 늦게 하여 인터뷰 요청을 하지 못했고, 민중당 광주광역시당 남구 지역위원장을 인터뷰하였으나 민중당에서 남구청장 후보자를 내지 않아 생략하였으며, 무소속 김귀봉 예비후보자는 캠프 인원 없이 혼자서 선거운동을 진행하고 있다는 이유로 인터뷰 요청을 거부하였다. 따라서 5월 16일, 김병내 예비후보 캠프의 선거운동본부장과 최진 예비후보측 인사를 각각 만나 주요 쟁점에 대한 인터뷰를 진행하였다. <표 4-5>는 인터뷰를 통해 각 후보자 측에게 주제별로 질문하고, 이에 대한 주장 및 답변을 정리한 것이다.

3. 단수공천에 대한 구민들의 반응

더불어민주당의 단수공천 발표 이후 남구 봉선시장 등 관내 4개 동(봉선동, 월산동, 방림동, 주월동)을 방문하여 지역이슈들을 비교적 잘 파악하고 있을 것으로 예상되는 40~50대 자영업 상인들을 중심으로 인터뷰를 진행하였다. 인터뷰는 크게 A, B 등 두 그룹으로 나누어 진행하였다. 먼저, 그룹 A에게는 먼저 더불어민주당의 단수공천과 김병내 후보의 공직 경력 등의 정보를 제공한 후 응답자의 생각이나 바람 등을 묻는 순서로 인터뷰를 진행되었다. 이들과의 인터뷰에서 확인할 수 있었던 점은 대부분의 응답자들이 문재인 정부를 지지하지만, 더불어민주당의 단수추천에 대해서는 매우 부정적이었다는 사실이다. 예를 들어, 자영업에 종사하는 김○○(64세, 남)은 문재인 정부의 행보에 대해 매우 긍정적인 반응을 보인 반면, 김병내 후보의 단수공천에 대해 "올바른 경선을 거치지 않은 부당한 공천"이라는 반응을 보였다. 더불어민주당에 대해서는 "무조건 당선된다는 전제에서 비롯된 생각 같은데, 이런 부정선거 때문에 투표율이 낮아지고 시민들의 정치수준이 낮아지는 것이다"라는 응답을 하였다.

이들은 올바른 공천이 이루어지지 않는다면 시민들이 반발할 수 있다는 점도 제기하였다. 약사로 근무하고 있는 김○○(60세, 남)은 "김병내 후보가 어디 출신이건 전략공천은 옳지 않은 일"이라고 단언했으며 이○○(41세, 여)은 "광주 시민들이 무조건 더불어민주당을 지지한다고 해서 어떠한 사건도 눈 가리고 투표할 것이라 생각하면 오산"이라고 응답했다. 이들은 대체로 문재인 정권과는 별개로 더불어민주당을 인식하는 성향을 보였으며, 호남권은 여타 어떠한 지역보다도 민주주의적인 선거가 치러져야 한다고 강조하였다.

그러나 그룹 B에게는 더불어민주당의 남구청장 후보공천 보류 등에 대한 정보는 제외하고 김병내 후보에 대한 공직 경력, 특히 청와대 행정관 출신이라는 사실을 알려주었다. 이 경우 인터뷰 대상자들은 그에 대하여 상당한 선호와 기대감을 보여주었다. 서비스업에 종사하는 조○○(50세, 남)은 김병내 후보가 청와대 행정관 출신임을 강조하며 "청와대 라인이면 뽑혀도 괜찮다고 생각한다. 지금의 문재인 대통령을 만든 정부라면 믿을 수 있고, 그간 행보나 정책으로 인해 관련 인물의 신뢰도까지 높였기 때문에 가능한 일이다"라는 응답을 보여주었다. 요식업을 운영하고 있는 정○○(46세, 남)은 "지난 정권과는 확연히 다른 진보를 보여주고 있는 문재인 대통령을 매우 신뢰하기에 더불어민주당을 지지한다"고 하였고, 같은 종사자인 임○○(45세, 여)은 "지난 선거 때는 국민의당을 지지했지만 현 문재인 대통령으로 인해 더불어민주당을 지지하게 되었다"고 응답하였다.

흥미로웠던 것은 더불어민주당 남구청장 후보군과 후보경선보류 조치에 대해 알려준 후에도 이들의 태도는 변화하지 않았다는 점이다. 오히려 이들은 후보경선을 유보한 더불어민주당 중앙당의 입장을 옹호하였다. 조○○(50세, 남)은 "후보적합도 조사에서 20% 이상의 차이가 났다면 당의 후보로써 손색이 없지 않느냐"라고 응답했고 정○○(46세, 남)은 "청와대 공직 경험이 있는 사람이라면 충분히 경쟁력이 있다"라는 응답을 보여주었다. 마찬가지로 임○○(45세, 여)은 "공천 과정에서 비리가 있었다면 오히려 당의 이미지를 훼손시키는 일인데, 그렇게 멍청한 짓을 할 리가 없다. 공천 결과에 반발하는 이들의 불협화음에 불과하다"고 응답했다.

인터뷰를 통해 알 수 있었던 것은 대체로 이 지역에서 문재인 정권에 대한 지지가 더불어민주당(후보)에 대한 지지로 이어지는 경향이 있지만, 더불어민주당의 공천 보류 조치라는 사건을 인지하게 된 일부는 더불어민주당에 대한 지지를 재고할 수 있다는 점이었다. 이는 후보공천과정에서 경선이 아닌 단수추천이나 전략공천의 경우 후보자들뿐만 아니라 유권자들에게 부정경선이라는 의구심을 불러일으킬 수 있기 때문이다.

Ⅳ. 남구청장 본선

1. 후보자별 선거 슬로건

여러 잡음들이 난무했으나, 결국 김병내 예비후보가 더불어민주당의 공천을 받아 기호 1번으로 출마하였다. 공천 심의에 강력하게 반발했던 최진 후보는 무소속으로 출마하였다. 그 외에도 민주평화당 소속으로 민선 2기 남구청장을 역임했던 박용권과 시청 공직을 맡아오며 전문행정가를 슬로건으로 내건 무소속 김귀봉이 후보등록을 마쳤다.

제7회 전국동시지방선거가 임박함에 따라, 각 후보들은 다양한 선거슬로건을 내걸고 본격적인 선거운동을 전개하였다. 더불어민주당 김병내 후보는 '능력 있는 후보'라는 슬로건으로 문재인 정부하에서 누구보다 힘 있는 남구청장이 될 것임을 강조하였으며, 선거운동 과정에서 청와대 공직 경험, 문재인 대통령과의 연관성을 강조하였다. 반면, 더불어민주당 경선 과정에 불복, 탈당하여 무소속으로 출마한 최진 후보는 '민주적인 후보'임을 주장했다. 그는 자신이 왜 무소속으로 출마하였는지에 대한 이유를 강조하며 이번 지방선거 과정에서 벌어졌던 더불어민주당의 공천 논란을 부각시켜 자신의 억울함을 설명하고, 유권자의 현명한 판단을 구하겠다는 의지를 밝혔다.

민주평화당 박용권 후보의 선거 슬로건은 '경험 있는 후보'였다. 박 후보는 광주광역시의회의원, 상임위원장 경력과 함께 지난 1998년 제2회 전국동시지방선거에서 새정치국민회의 소속으로 출마하여 남구청장을 역임한 경력을 이용하여 자신의 정치적 경륜을 강조하고자 하였다. 후보 선출 이전부터 무소속 출마 의지를 밝히며 입지를 다져온 김귀봉 후보는 자신이 '혁신적인 후보'이며, 소위 '민주당 텃밭'에서 고작 현상유지에 그쳐온 남구 발전을 위해 마치 기업의 전문경영인과 같은 역할을 수행하겠다고 주장하였다.

2. 각 후보들의 선거공약

각 후보들은 다양한 선거공약을 제시하였으며, 선거공보물을 통해 이를 알렸다. 김병내, 박용권, 최진 후보는 중앙선거관리위원회에 제출하는 10대 공약을 선거공보물에도 포함시켰다(<부록 4-4> 참조). 김병내, 박용권 후보는 10대 공약과 함께 행정동별로 구체적인 공약을 제시하였고, 최진 후보는 10대 공약 외에 남구민을 위한 공약을 따로 기재하였다. 김귀봉 후보는 6대 공약만을 제시하였는데 각 공약별로 정책을 세분화하여 제시하였다.

모든 후보가 제시한 공약들 가운데 가장 주목을 받았던 것은 '한전공대 유치'였다. 광주광역시 남구가 전라남도 나주시와 인접해 있다는 이점을 살려, 한전공대를 남구에 유치하여 관련 에너지신산업 기업·연구소를 부가적으로 유치하겠다는 것이다. 이는 대촌동 일대의 그린벨트를 해제하여 여러 국가적 지원과 경제적 이익을 도모할 수 있으며, 일자리 창출 등으로 광주광역시와 나주시 간의 상생발전을 꾀할 수 있어서 주민들의 관심이 높았다. 또한 지방분권 시대에는 지역 간 상호협력이 중요하고, 필요하기 때문에 기초단체장의 입장에서 충분히 공약으로 내걸고 노력을 기울일 수 있는 부분이다. 하지만 '한전공대 유치' 이슈는 광산구에서도 유치공약이 나오는 부분이어서, 뜻하지 않은 공약 경쟁을 벌이게 되었다. 사실 남구와 광산구에 관계없이 한전공대 유치가 확정된다면 해당 지역구 차원이 아닌, 호남 지역 전체의 발전을 이룩할 수 있는 사안임에도 현직 국회의원이 바른미래당 소속인 광산구와 민주평화당 국회의원을 가진 남구 중 어떤 지역구가 한전공대를 가져올 것인가에 대한 경쟁이 벌어진 것이다.

김병내 후보는 산업, 경제, 복지, 교육 4개 부문에 대한 공약을 제시하였고 각 행정동별 복지시설 구축을 약속했다. 그러나 그의 공약들 가운데 상당수는 정부지원을 이끌어낸다 하더라도 막대한 광역 단위의 예산이 필요한 것이었다. 특히, 행정동 별로 종합운동장, 축구장 등 각 4~5개의 시설을 완비하겠다는 복지시설 구축 공약은 다소 실현 가능성이 낮다고 보여진다. 하지만 봉선2동 무등아파트 주차 공간 확보와 같은 현실적인 공약 등을 통해 해당 지역 유권자의 민심을 잡으려는 노력이 엿보이기도 했다. 전남대학교병원 이전이나, '송암동 디지털 산업단지 조성', '제2 푸른길공원 조성' 등 문화산업 추진 등의 현실적인 공약이 존재한다. 비록 실현가능성이 낮아 보일 수 있음에도 불구하고, 지역 유권자 민심을 사로잡기 위한 행정동별 복지 공약도 세분화시켜 공약하였다.

최진 후보는 박용권 후보와 같이 특정 공약에 대한 구체적 실현 방안 모색이 부족하다는 평가이다. 한전공대 유치를 통한 '대촌MIT' 육성과 함께 골목상권 부흥과 같은 복지 공약들과 남구 특색을 살린 여러 정책들이 있지만 실현 가능성에 대해서는 의구심이 제기되었다. 그의 '청년 일자리 365 플랜' 공약은 기존의 일자리 창출지원센터에서 진행하고 있으며, 도서관 확대나 교육비 지원 확대 등의 교육 공약과 노인·여성 서비스 제공 등의 복지 공약은 신선하다고 보기 어려웠다. 최진 후보의 선거공보물을 살펴보면, 그의 경력과 함께 더불어민주당 경선 논란이 주를 이루고 있으며, 상대적으로 공약이 충분히 제시되지 않았다. 김병내, 박용권 후보가 제시하였던 행정동별 세부 공약도 제시하지 않았다. 민주평화당 박용권 후보는 대촌동·송암동 일대에 4차 산업단지 구축과 함께 청년 일자리 창출, 노인 복지 개선, 문화 산업 추진을 공약했지만 실질적으로 어떤 수단으로 어떻게 추진할 것인지에 대한 설명이 부족하다고 판단된다. 김귀봉 후보의 복지공약 또한 실현 방안이 충분히 설명되었다고 보기 힘들다.

각 후보들이 다양한 공약을 제시하였지만, 예산마련방안 등 구체적인 실행방안이 충분히 제시되었다고 보기 힘들고 과연 '남구청장'이라는 직에서 '4년'이라는 임기 내에 공약을 모두 이행할 수 있을 것인지에 대하여 의구심을 품지 않을 수 없었다. 선거운동 과정에서도 본인의 특색 있는 공약이나 남구 민심을 꿰뚫어 보는 공약을 내세워 이를 실현하겠다는 의지보다 당선만을 위한 것이라는 인상을 주었다. 과연 이들의 공약이 남구 유권자들의 민심을 제대로 반영한 것인지 의문점을 제시해볼 만한 것임은 틀림없다. 그리고 이러한 한계는 정책선거보다는 이미지나 정당선호에 기초한 '묻지마 투표'를 조장할 수 있다는 비판을 받을 수밖에 없었다.

제7회 지방선거에서 남구청장에 당선된 이는 예상했던 것처럼 더불어민주당의 김병내였다. 그는 무려 68.9%의 높은 득표율로 당선되었으며, 그와 경쟁한 최진은 20.4%, 민주평화당의 박용권은 8.9%, 무소속의 김귀봉은 1.8%의 득표율에 그치며 낙선하였다(중앙선거관리위원회 선거통계정보).

Ⅴ. 결 론

지금까지 이 연구는 제7회 전국동시지방선거에서 광주광역시의 남구청장 선거를 사례로 더불어민주당의 기초단체장 공천과정에 대한 분석을 시도하였다. 이 지역은 더불어민주당 중앙당에 의해 김병내를 단수후보로 공천하였으며, 이에 대한 당내외의 갈등이 불거져 나왔다. 이 연구는 후보자의 정책·공약 등을 비교하고 갈등의 당사자였던 김병내와 최진의 선거캠프 관계자는 물론 남구 유권자들에 대한 인터뷰를 통한 참여관찰을 실시하여 다음을 확인할 수 있었다.

첫째, 광주광역시 남구청장 선거는 중앙당에 요청에 의해 14일간 공천이 보류되었으며, 결국 단수공천을 받게 된 김병내 후보는 후보자 등록 이전부터 단수공천 또는 전략공천을 받을 것이라는 의혹이 제기되었다. 비록 법원의 판결에 따라 더불어민주당의 결정이 번복되지는 않았지만 이 과정에서 당내외의 불신이 증폭되었던 것은 사실이다. 최소한 이 사례분석을 통해 경선을 거치지 않은 단수공천·전략공천은 잡음이 발생할 수 있다는 것을 확인할 수 있었다. 그리고 이는 더불어민주당 공직선거후보자추천규정 제32조 6항에 따르면 탈당은 선거일 전 150일을 기준으로 4년 이내의 범위에 한하여 규제를 하였고, 제명 등 징계 경력에 대해서는 기간의 범위가 구체적으로 정해져 있지 않다.[11] 탈당한 경우에도 '법령으로 당원가입을 금지

11 제32조(지역구후보자의 심사기준) ⑥ 경선 불복 경력자와 탈당 경력자는 제2항의 적용 없이 본인이 얻은 득표수의 100분의 10을 감산한다. 이 경우 해당 대상자는 다음 각 호에 따른다.
1. 경선 불복 경력자: 당규 제13호 제35조로 정한 경선후보자의 자격을 획득한 후 탈당하여 무소속 또는 타당 후보로 출마한 경력자

하고 있는 직업상의 이유로 탈당한 경우는 예외'를 제외하면 규정이 모호하여 주관적으로 공천심사가 진행될 우려가 있었다.

둘째, 위의 의혹에 따른 민심 인터뷰 결과, 문재인 대통령에 대한 지지율이 더불어민주당에 대한 지지로 이어지는 경향을 확인할 수 있었다. 인터뷰한 이들 가운데 일부는 공천 보류 조치, 단수공천에 대한 부정적인 입장을 피력하였으며, 호남 지역의 더불어민주당 경선은 다른 지역의 경선보다 더 민주적인 과정을 거쳐야 한다는 입장을 보였다. 하지만, 다른 일부는 과거의 보수정부보다 현 정부가 잘하고 있다는 평가와 함께 공천 잡음에도 불구하고 문재인 대통령에 대한 신뢰에 기초하여 대통령 비서실 출신 후보자인 김병내에 대해서도 긍정적으로 평가한다는 점을 확인할 수 있었다.

이러한 분석결과는 단수추천을 비롯하여 정당공천과정에서 발생하는 갈등의 단면을 보여줌으로써 한국의 정당들이 실행하고 있는 공천방식의 한계를 잘 보여준다. 정당의 후보공천방식의 제도화 수준이 점차 높아지고 있지만, 여전히 공천신청자들에 대한 가산점이나 감점을 적용하는 과정에서 여전히 모호한 부분이 있고, 단수공천 혹은 전략공천을 결정하는 과정이 여전히 불투명하다는 점에서 이를 예방할 수 있는 방안이 마련될 필요가 있다.

특히, 광주광역시와 같이 특정정당의 공천을 받는 것이 선거결과에 결정적인 영향을 미치는 지역에서는 후보공천과정을 투명하게

---

2. 탈당 경력자: 당해 선거일 전 150일을 기준으로 최근 4년 이내에 탈당한 자
3. 징계 경력자: 제명 및 당원자격정지 이상의 징계를 받은 자
4. 제1호의 경선 불복 경력자의 경선 감산은 각급 선거마다 계속 적용한다.
5. 제2호에 해당하더라도 법령으로 당원가입을 금지하고 있는 직업상의 이유로 탈당한 경우는 예외로 한다.

공개하고, 이 과정에 시민들이 참여할 수 있는 방안을 마련할 필요가 있다. 단순히 여론조사에 의존하여 후보자를 선택할 경우 공천을 받는 후보자들이 유권자들의 검증을 제대로 받지 못한 채 지역을 대표하는 공직자로 선출될 수 있다. 지난 2014년 7·30 재보궐선거 당시 전라남도 순천시에서 새누리당 이정현이 당선되었던 경험과, 지난 제20대 국회의원선거에서 국민의당에게 참패한 경험 등 호남에서도 지역패권정당에 대한 시민들의 심판이 있을 수 있음을 분명히 각인할 필요가 있다.

〈부록 4-1〉 역대 광주광역시 남구 지역 국회의원선거 결과(제13~20대)

	1위	2위
제13대1 (1988)	평화민주당/박종태 (90.62)	민주정의당/정현채 (7.00)
제14대1 (1992)	민주당/임복진 (84.30)	민주자유당/문준식 (6.82)
제15대 (1996)	새정치국민회의/임복진 (86.38)	신한국당/이승채 (7.39)
제16대 (2000)	무소속/강운태 (50.69)	새천년민주당/임복진 (34.47)
제17대 (2004)	열린우리당/지병문 (46.22)	새천년민주당/강운태 (45.48)
제18대 (2008)	무소속/강운태 (59.43)	통합민주당/지병문 (31.44)
재보궐 (2010)	민주당/장병완 (55.91)	민주노동당/오병윤 (44.08)
제19대 (2012)	민주통합당/장병완 (67.81)	통합진보당/이민원 (21.69)
제20대2 (2016)	국민의당/장병완 (55.62)	더불어민주당/최 진 (28.98)

1 '서구 을' 선거구, 2 '동구·남구 갑' 선거구, 괄호 안의 수는 해당 후보의 득표율임.
출처: 중앙선거관리위원회 선거통계시스템, http://www.nec.go.kr (검색일: 2018. 5. 7).

〈부록 4-2〉 광주광역시 남구 제20대 비례대표 국회의원선거 투표 결과

	새누리당	더불어 민주당	국민의당	정의당	기타정당	투표자수 (투표율)	선거인수
득표수 (득표율)	2,363 (2.86)	22,230 (26.91)	45,084 (54.58)	5,624 (6.80)	7,291 (8.77)	84,032 (62.67)	134,087

출처: 중앙선거관리위원회 선거통계시스템, http://www.nec.go.kr (검색일: 2018. 5. 17).

〈부록 4-3〉 더불어민주당 소속 광주광역시 남구청장 예비후보자 정책·공약

예비후보자	정책·공약
조성철	"나라는 문재인! 남구는 조성철!" ▲ 남구와 나주시가 함께 관리하는 광주·전남공동혁신도시 특별행정구역 선포 ▲ 펫 파크·도시 근교형 문화관광타운 조성, 청년복합커뮤니티센터 설립
성현출	"주민 공감 에너지 바탕 30만 자족도시 스마트 시티 남구" ▲ 근린 편의시설 확충 및 생활 인프라 구축, 일자리 전략 추진단 구성 ▲ 도시재생과 스마트기술이 융합된 첨단 정보도시 기반 조성
김병내	"에너지 넘치는 남구 : 정의롭고 공정한 사회, 건강한 구민" ▲ 남구가 이끄는 일자리와 경제 ▲ 창의교육과 문화예술이 살아 숨 쉬는 남구, 쾌적한 환경, 건강한 남구
임형진	"사람중심 경제전문가" ▲ 국가 정책과 지방 분권에 발맞춰 지역 균형발전 전략 수립 ▲ 지역적 특성에 맞는 민생·복지·교육 중심 맞춤형 정책
정재수	"혁신경영행정가" ▲ 영산강 유역 에너지융복합 클러스터 조성 ▲ 남구형 자치분권, 청년 일자리 전담 부서 설치, 시민참여예산제 일상화
최진	"지방분권시대의 성공모델 남구" ▲ 남구 정치문화를 화합과 신뢰의 정치로 변화 ▲ '청년일자리, 교육, 문화, 복지, 도시재생'을 5대 역점분야로 지정

출처: 각 후보자 출마선언 내용 발췌.

〈부록 4-4〉 제7회 전국동시지방선거 광주광역시 남구청장 후보자의 10대 공약

후보자명	공 약
더불어민주당 김병내	▲ 광주 남구-전남 나주 혁신도시「상생 1번 길」추진 ▲ 전남대학교 병원 본원 및 분원 확대 유치 ▲ 누구에게나 쉬운 창업지원센터 추진 ▲ 더 푸른 길 조성 ▲ 문화예술이 꽃피는 골목길 조성 ▲ 더 좋은 교육특구 남구 추진 ▲ 건강하고 안전한 생활환경 조성 ▲ 송암 디지털영상 산업단지 조성 ▲ 도시재생 주거환경 개선 ▲ 구민 의사결정 자치분권 선도
민주평화당 박용권	▲ 신 성장 동력 활성화를 통한 지속가능 경제 남구 ▲ 백운광장 일대, 광주 신도심으로 활성화 ▲ 창업·창작 요람, 일자리 남구 추진 ▲ 문화가 밥이 되는 문화경제도시 남구 ▲ 초고령화 사회 대응, 융복합형 실버복지시스템 구축 ▲ '푸른 길'을『광주 도시 관광 명품 길』로 조성 ▲ 꽃과 나무가 어우러진 살기 좋은 남구 ▲ 교육·보육·임산부복지 강화, 저출산 문제 해소 ▲ '청년이 찾아드는 남구' 기반 조성 ▲ 화합과 공감의 주민공동체 구현, 쌍방향 소통 체계 운영

무소속 최 진	▲ 자치분권 열린 행정 ▲ 청년 일자리 365 플랜 ▲ 행복한 선진 복지 ▲ 품격 교육 도시 ▲ 대촌MIT, 한전공대 ▲ 글로벌 문화 도시 ▲ 푸른 청정 남구 ▲ 인간 중심형 도시 재생 ▲ 재래시장과 구도심 르네상스 ▲ 백운광장, 남구의 랜드 마크
무소속 김귀봉	▲ 일자리와 창업의 메카, 풍요로운 경제남구 ▲ 명문 교육도시 육성, 감동 있는 교육남구 ▲ 세계최고의 관광도시, 소득 있는 관광남구 ▲ 청년이 살기 좋은 도시, 희망 있는 청년남구 ▲ 최소한의 인간다운 생활보장 복지남구 ▲ 자연과 인간이 공존하는, 걷고 싶은 환경남구

출처: 각 후보자별 책자형 선거공보물 발췌.

참고문헌

김도형 외. 2017. “협력적 거버넌스에서의 대안적 대항력 형성 동학.” 『한국정치학회보』 51권 제5호. 55~81쪽.

강경남. 2018. “민주당 광주 남구청장 효력정지 가처분 기각.” 『연합뉴스』 (5. 21). http://www.gjdream.com/v2/news/view.html?news_type=201&uid=487767 (검색일: 2018. 5. 21).

김삼헌. 2018a. “김병내 전 청와대 행정관, 광주 남구청장 출마선언.” 『노컷뉴스』(5.10). http://www.nocutnews.co.kr/news/4933687 (검색일: 2018. 5. 10).

———. 2018b. “성현출 광주남구문화원장, 광주 남구청장 출마선언.” 『노컷뉴스』(2. 8) http://www.nocutnews.co.kr/news/4920919 (검색일: 2018. 5. 10).

김용호. 2011. “한국의 선거 참여관찰 연구에 대한 성찰.” 『한국정당학회보』 10권 제1호. 231~249쪽.

김재정. 2018. “민주당 광주 남구청장 후보 김병내 전 靑 행정관 단수추천.” 『광주매일신문』(4.29). http://www.kjdaily.com/read.php3?aid=1524999687437047002 (검색일: 2018. 5. 19).

더불어민주당 광주광역시당. 2018a. “공직선거후보자추천관리위원회 ‘기초단체장’ 추천신청자 면접 일정 공지.” 더불어민주당(4. 9). http://www.kjminjoo.kr/index.php?mid=board03_02&page=2&document_srl=4077 (검색일: 2018. 5. 3).

______________________. 2018b. “더불어민주당 광주광역시당 공직선

거후보자추천관리위원회 심사결과 발표 (기초단체장)" 더불어민주당(4. 20). http://www.kjminjoo.kr/index.php?mid=board03_02&page=3&document_srl=4189 (검색일: 2018. 11. 27).

________________________. 2018c. "더불어민주당 광주광역시당 공직선거후보자추천관리위원회 심사결과 발표." 더불어민주당(4. 27). http://www.kjminjoo.kr/index.php?mid=board03_02&page=2&document_srl=4253 (검색일: 2018. 5. 3).

더불어민주당 당헌/당규. 2017. "당규 제13호. 공직선거후보자추천규정." 더불어민주당(3. 24). http://theminjoo.kr/constitution.do?nt_id=3#n (검색일: 2018. 5. 17).

류형근. 2018. "성현출 광주 남구청장 후보 사퇴…2006년 선거법 위반 혐의 발목." 『뉴시스』(3. 28). http://www.newsis.com/view/?id=NISX20180328_0000265693&cID=10809&pID=10800 (검색일: 2018. 5. 10).

박강복. 2018. "임형진 광주 남구청장 예비후보, 활동 마감 사퇴." 『KNS뉴스통신』(5. 5). http://www.kns.tv/news/articleView.html?idxno=425524 (검색일: 2018. 5. 5).

박준배. 2018. "최진. 민주당 탈당, 무소속 광주 남구청장 출마." 『뉴스1』(5. 23). http://news1.kr/articles/?3324389 (검색일: 2018. 5. 27).

박지후. 2018. "남구 시민사회단체. 광주 남구청장 단수추천 즉각 철회하라." 『전남인터넷신문』(5. 1). http://jnnews.co.kr/news/view.php?idx=226927 (검색일: 2018. 5. 19).

배동민. 2018. "임형진 전 광주신보재단 이사장, 남구청장 선거 출마." 『뉴시스』(2. 5). http://www.newsis.com/view/?id=NISX20180205_0000222187&cID=10312&pID=10300 (검색일: 2018. 5. 11).

송창헌. 2018. "지방분권 선봉 최진, 광주 남구청장 출마선언." 『뉴시스』(3. 21). http://www.newsis.com/view/?id=NISX20180321_0000258804&cID=

10301&pID=10300 (검색일: 2018. 5. 11).

엄기홍 외. 2014. "기초단체장 공천, 학연 그리고 부패? : 제5회 지방선거 정당 후보자 공천에 대한 경험적 분석."『21세기정치학회보』24권 제1호. 81~95쪽.

여운창. 2018a. "정재수 광주도시철도공사 본부장, 남구청장 선거 출마."『연합뉴스』(2. 12). https://news.naver.com/main/read.nhn?mode=LSD&mid=sec&sid1=100&oid=001&aid=0009883032 (검색일: 2018. 11. 27).

———. 2018b. "조성철 지역발전위 자문위원, 남구청장 선거 출마."『연합뉴스』(3. 12). http://www.yonhapnews.co.kr/bulletin/2018/03/12/0200000000AKR20180312095300054.HTML?input=1195m (검색일: 2018. 5. 10).

유제훈. 2018. "[리얼미터 조사] 文대통령 지지율 소폭 하락한 74%… 與도 53%"『아시아경제』(5. 17). http://view.asiae.co.kr/news/view.htm?idxno=2018051708471970632 (검색일: 2018. 5. 17).

이계혁. 2018. "조성철 민주당 전 남구청장 예비후보 김병내 지지."『KBC 8 뉴스』(4. 8). http://ikbc.co.kr/jw_2ds/index.html?code=main_news_02&menu_id=56_65_73&uid=318800&mode=view (검색일: 2018. 5. 10).

이동윤. 2012. "제19대 국회의원선거 참여관찰 : 부산광역시 사상구 사례를 중심으로."『한국정당학회보』11권 제2호. 95~124쪽.

이학수. 2018. "민주당 광주 남구청장 단수공천 부당성?, 법원심리."『브레이크뉴스』(5.17). http://www.breaknews.com/sub_read.html?uid=579034&section=sc2 (검색일: 2018. 5. 21).

지병근. 2016. "중앙당은 어떻게 시·도당을 통제하는가? : 한국 주요정당들의 분권화 사례분석."『의정논총』11권 제2호. 181~210쪽.

코리아스픽스. 2018. "광주 광주광역시장 선거 광역단체장선거 정당지지도 및 더불어민주당 후보지지도." 『코리아스픽스』. https://www.nesdc.go.kr/portal/bbs/B0000005/view.do?nttId=4772&menuNo=200467&searchTime=::%20%EB%82%A0%EC%A7%9C%EA%B5%AC%EB%B6%84%20::&sdate=&edate=&pdate=&pollGubuncd=VT016&searchCnd=3&searchWrd=%EA%B4%91%EC%A3%BC%20%EA%B4%91%EC%A3%BC&pageIndex=1 (검색일: 2018. 11. 27).
홍갑의. 2010. "최영호, 안원균, 김병내 민주당 후보 등록." 『데일리안』 (2. 23). http://www.dailian.co.kr/news/view/193057 (검색일: 2018. 5. 18).

광주광역시 남구청. https://www.namgu.gwangju.kr (검색일: 2018. 5. 17).
광주광역시청. http://www.gwangju.go.kr (검색일: 2018. 5. 17).

제 5 장 북구: 행정관료·시의원 경력과 후보단일화 효과

CHAPTER

05 북구: 행정관료·시의원 경력과 후보단일화 효과

장은진, 오슬향, 조다은, 박예은

I. 서 론

광주광역시는 지역주의적 투표행태가 민주화 이후 지속되어온 곳으로 역대 기초단체장 선거에서 일부 무소속 후보들이 당선된 경우를 제외하면 단일한 '민주당계' 정당이 독점적으로 당선자를 배출해온 곳이다. 제7회 지방선거를 두달여 앞둔 시점에서 광주광역시에서 더불어민주당의 지지도는 다른 정당을 압도하는 것이었다. 물론 북구도 예외가 아니었다. 웹데일리(2018. 4. 13)의 보도에 따르면 북구에서 민주당의 지지도는 무려 79.2%로 민주평화당의 5.1%, 바른미래당의 3.7%, 자유한국당의 3.5%, 정의당의 1.8%와는 비교할 수 없을 정도로 높았다(이선기 2018, 조사기관 데이터엔리서치, 조사기간 2018. 4. 6). 이번 지방선거를 앞두고도 이 지역에서는 더불어민주당이 모든 기초단체장 선거에서 당선이 유력한 지역으로 알려져 왔으며, 이로 인해 이 당으로부터 공천을 받기 위한 경쟁이 본선에서의 경쟁보다 더 치열하게 전개되었다고 할 수 있다.

이 연구는 제7회 지방선거에서 더불어민주당의 광주광역시 북구청장 후보공천을 사례로 지역주의에 의해 지배되어온 호남의 지역정치가 어떻게 작동하는지에 대한 분석을 시도한 것이다. 보다 구체적으로 이 연구는 인터뷰를 이용한 참여관찰을 통해 더불어민주당으로부터 공천을 받기 위한 이들 사이의 경쟁이 어떻게 전개되었는지, 본선에서는 과연 후보자들이 과연 유권자들이 원하는 정책을 제시하였으며 어떠한 선거운동을 하였는지를 파악하기 위한 비교분석을 시도하였다.

북구는 광주광역시의 5개 자치구 가운데 인구가 가장 많은 지역이다. 하지만 이러한 인구학적 특성 외에도 이번 선거에서 북구는 다른 지역에 비해서 독특한 면이 있었다. 무엇보다 제7회 동시지방선거에서 북구의 기초단체장 선거의 특성은 현직효과를 기대할 수 있었던 송광운 구청장이 3선연임제한 때문에 출마할 수 없었다는 점에서 찾을 수 있다. 물론 이번 지방선거에서 남구나 광산구의 경우에도 최영호와 민형배 등 더불어민주당 소속 현역 구청장이 광주광역시장출마를 선언하고 기초단체장선거에 출마하지 않았으며 대통령비서실 출신의 김삼호와 김병래가 공천경쟁에 참여하였다. 하지만, 북구의 경우에는 이와 다른 이유로 전임자가 출마하지 않았으며, 북구의 부구청장 출신인 문인이 공천경쟁에 뛰어들었다. 더불어민주당의 북구청장 공천경쟁에는 문인 외에도 문상필과 조오섭 등 두 번의 시의회 경력을 갖춘 후보자들과 김상훈이 참여하였다. 시의장 출신으로 유력한 경쟁상대인 이은방이 민주평화당 공천으로 출마한 당외부의 선거환경 또한 주목할 만한 것이었다. 아울러 문인과의 경쟁과정에서 문상필과 조오섭 사이에 후보단일화가 시도되기도 하였다. 따라서 이러한 특성을 갖는 북구에 대한 사례분석은 상이한 경력의 후보자 특성, 전임자의 지원, 본선 경쟁상대, 후보단일화 등이 더불어민주당의 공천경쟁에 미친 영향을 이해하는 데 많은 도움을 줄 수 있을 것이다.

이 연구는 II절에서 지방선거의 특성, 북구의 역대 기초단체장 선거결과, 북구의 주요 현안 및 이번 지방선거의 특성을 살펴볼 것이다. III절에서는 더불어민주당의 기초단체장 후보자들의 특성과 함께 이들의 지역현안에 대한 인식과 해결방안, 그리고 후보단일화 시도를 포함한 후보공천과정을 설명할 것이다. IV절에서는 후보들이 제시한 공약과 선거운동과정을 설명하고, V절에서는 이 연구의 성과를 간단히 요약하고, 광주광역시의 지역정치에 대한 함의를 논하였다.

Ⅱ. 북구의 역대 지방선거결과 및 지역

지방선거는 다양한 기능을 한다. 그 기능은 “주민대표의 선출기능, 지방의 정책 선택기능, 지방정부의 구성기능, 지방정부에의 정당성 부여기능, 지방정치의 사회화 기능, 통합기능”으로 요약하였다(송건섭 2015). 한국의 지방선거도 마찬가지다. 특히, 기초단체장 선거는 지방자치의 핵심행정단위인 자치구(自治區)를 책임질 정치엘리트를 충원하는 역할을 한다. 기초단체장에 도전하는 이들은 다양한 경력을 소유하고 있지만, 이번 지방선거에서도 확인된 것처럼 시의원 출신이 다수이며, 기초단체장을 역임한 이들 가운데 일부는 국회의원이나 시도지사 선거에 도전하기도 한다. 구의원–시의원–기초단체장–국회의원/광역단체장 등의 정치경력의 상향경로가 존재하는 것으로 보인다.

지난 제6대 지방선거에서는 과거와 마찬가지로 후보자나 공약보다는 정당을 우선시하는 지역주의 현상이 나타났다.[1] 당시 북구는 새정치민주연합의 송광운이 131,417의 득표수와 67.3%의 득표율로 북구청장으로 당선되었다.[2] 제1회 지방선거부터 제6회 지방선거까지 역대 북구청장 당선인 가운데 '민주당계' 정당 소속이 아닌 경우는 유일하게 제3회 지방선거에서 새천년민주당의 공천을 받는데 실패한 현직북구청장이었던 김재균이 무소속으로 출마하여 당선된 것이 유일하다.

제7회 지방선거 역시 집권여당인 더불어민주당이 문재인 대통령에 대한 높은 지지율을 바탕으로 압승할 것으로 예상되었다(<부록 5–1> 참조). 다만, 지난 20대 총선에서 광주광역시의 모든 지역구 선거에서 승리한 국민의당의 후신인 민주평화당 소속 국회의원들이 광주시의회 의장을 역임한 이은방을 지원하였다는 점에서 본선결과에 이변이 생길 가능성이 전혀 없지는 않았다고 할 수 있다.

1 신현기·허석재(2015, 58)는 "그동안 한국의 지방선거는 행정부와 집권여당에 대한 중간평가의 기능도 수행해왔다. 하지만, 지방선거는 총선이나 대선과 마찬가지로 단일한 정당이 특정지역을 싹쓸이하는 일당 지배 지역주의 현상이 어김없이 나타났고 지역주민의 의사를 자치행정에 반영하기 위한 다수 정당 간 경쟁이 사라진 자리에 지역을 독점적으로 지배하는 정당이 중앙의 지배력을 지방에 매개한다는 지적도 제기되어왔다"고 하였다.

2 조정관(2015, 101)은 "당초 민주당에 대한 강력한 경쟁 정당의 탄생으로 이어질 것으로 예측되었던 '안철수 현상'을 배후에 깔고 치러진 이 선거 또한 결국 새정치민주연합의 독점적 승리로 귀결되었다"고 하였다.

북구는 다양한 지역현안이 존재하였다. 북구가 주요 역점 시책으로 추진하는 10대 핵심 프로젝트에는 1. 광주교도소 부지에 국제 민주 인권 평화센터를 조성, 2. 호남고속도로와 용봉IC 진입도로 개설, 3. 광주역 KTX진입과 역세권 개발 사업, 4. 31사단 이전과 미래형 마을 조성, 5. 비엔날레 상징 국제타운인 중외종합예술공원의 조성, 6. 무등산권 생태, 문화 관광벨트 조성, 7. 운정동 위생매립장 환경생태공원, 8. 시화문화마을을 제2단계 사업으로 전국 최고의 문화, 자치 마을을 조성, 9. 첨단 3지구 개발, 10. 복합 문화 복지 커뮤니티 센터 건립 등이 포함되어 있다(광주광역시 북구청 홈페이지).

물론 북구가 추진하는 이러한 사업들은 북구주민들의 민원을 반영한 것이다. 하지만, 북구 주민들이 가장 관심을 두고 있는 현안은 기업 유치와 일자리 창출이라고 할 수 있다. 최근 무등일보의 보도에 따르면 광주시에서는 "기업 유치와 일자리 창출"이 가장 우선시되는 과제이며, 이는 "지역경제 침체와 인구 유출, 실업난, 저소득층 생활고" 등에서 기인한 것이라고 할 수 있다(김대우 2018. 3. 12). 북구도 예외일 수 없었다. 그렇다면 이번 지방선거를 앞두고 더불어민주당은 이러한 지역현안을 해소하기 위한 기초단체장 후보로 어떻게 공천할 후보를 결정하였을까?

Ⅲ. 더불어민주당의 후보공천

1. 더불어민주당의 후보경선: 문상필과 조오섭의 후보단일화 시도

더불어민주당의 후보경선은 5월 3~4일 이틀에 걸쳐 권리당원

ARS투표 50%와 안심 번호 국민선거인단 ARS투표 50%를 합산해 치러졌다. 더불어민주당의 북구청장후보경선에는 김상훈 후보, 문인 후보, 문상필 후보, 조오섭 후보가 참여하여 치열한 경합을 벌였다. 그러나 김상훈 후보는 행정가 출신 구청장이 12년 동안 북구 발전을 위한 기반을 쌓았다면 이제는 그 기반 위에 보다 발전된 북구를 건설하기 위해서 정치인 출신의 북구청장이 필요하다며 조오섭 후보 지지 선언을 하고 경선을 포기하였다.

더불어민주당의 공천을 받는 것이 당선에 결정적인 영향을 미치기 때문에 기초단체장 공천과정 역시 치열한 경쟁이 벌어졌다. 지역언론사들 역시 이들의 경선에 주목하였으며, CMB 광주방송이 생중계한 더불어민주당 광주 북구청장 경선 토론회에 세명의 후보가 맞붙어 정책과 자질 검증 등에 대한 논쟁을 펼쳤고, 각 후보의 광주역 활용방안과 광주 북구지역의 시급한 현안 등을 놓고 열띤 토론을 했다.

경선에 참여한 이들 가운데 가장 유력했던 후보는 광주광역시 전 행정부시장을 맡았던 문인이었다. 그는 경선을 준비하면 이용섭 광주광역시장 후보 초청 정책간담회(2018. 4. 26), CMB 광주방송 북구청장 경선토론회(2018. 4. 30) 등에 참여하였다(김성태 2018. 4. 26).

광주시의회 의원을 두 번이나 역임한 문상필과 조오섭 또한 유력한 후보자들이었다. 하지만, 문인의 지지율이 높게 나타나면서 4월 중후반부터 이들 사이에 후보단일화가 추진되었다(여운창 2018. 4. 24). 두 후보자들은 여론조사 전문기관인 S사와 J사 총 2곳에 의뢰해서 후보적합도를 일반 전화여론조사 방법으로 조사했다(4. 18~20). 여론조사 결과, 후보자들은 0.1%라도 지지율이 높은 후보로 단일화

〈표 5-1〉 구·시·군의장선거 예비후보자 등록 - 광주광역시 북구

성명	성별	생년월일 (연령)	직업	학력	경력	전과기록유무 (건수)	출마동기
김상훈	남	1966.04.05 (52세)	정당인	호남대학교 신문방송학과 졸업	(전)제5,6대 북구의회 의원, (현)제7대 북구의회 의장	없음	북구의 새로운 변화와 도약 필요성 깨닫고, 새로운 비전과 성공으로 으뜸 북구를 만들고자 출마
문인	남	1958.11.08 (59세)	정당인	전남대학교 일반대학원 토목공학과 졸업 (공학박사)	(전)광주광역시 행정부시장, (전)서민금융진흥원 상임이사	없음	KTX미진입과 첨단3단계 미착공, 도심공동화 가속화 등으로 잠재성장동력과 북구 공동체의 내부활력에도 불구하고 도시발전의 정체를 깨닫고 지방분권시대에 맞춘 혁신적인 도시재생을 위해 출마
문상필	남	1966.10.15 (51세)	정당인	전남대학교 행정대학원 행정학과 졸업 (행정학석사)	(전)제6대,제7대 광주광역시의회 의원, (현)더불어민주당사회적경제위원회 부위원장	1건	오랜 정체의 고착화가 이루어지는 북구가 삶의 질이 하락하고 있음을 깨닫고 북구의 혁신을 위해 출마
조오섭	남	1968.07.19 (49세)	정당인	전남대학교 사회과학대학 신문방송학과 졸업	(전)제7대 광주광역시의회 더불어민주당 대표의원, (현)더불어 민주당 중앙당 정책위원회 부의장	없음	북구의 행정 퇴보를 깨닫고 새로운 정부의 의지에 맞춘 지방정부를 만들고, 북구의 시민주권시대를 위해 출마

출처: 인터뷰와 중앙 선거관리 위원회(http://www.nec.go.kr/portal/main.do).

하기로 합의했다. 문 후보와 조 후보는 같은 고교 동문이고 나란히 재선 시의원이며 지역구도 겹쳐 일치감치 단일화를 할 것이라는 예상이 많았다. 조 후보는 북구2(우산, 문흥1·2), 문 후보는 북구3(풍향, 두암1·2·3, 문화, 석곡)을 지역구로 두고 있다(송창헌 2018. 4. 26). 그러나 여론조사 결과 조 후보의 지지율이 오차범위 안에서 높게 나왔다. S사 여론조사에서는 둘 다 소숫점까지 일치했으나 J사에서는 조 후보가 앞섰다. 이에 문 후보가 '샘플미달' 등을 이유로 불복하면서 결국 단일화가 무산되었다. 단일화 합의에 실패한 이후 문상필, 조오섭 후보는 각자 경쟁하게 되었다.

한편, 북구의회 제7대 후반기 의장이었던 김상훈 후보는 전반기 의장인 심재섭 의원과 함께 5월 2일 광주시의회 브리핑룸에서 기자회견을 열고 "구의회 의장 경험을 바탕으로 북구의 변화를 이끌어내기 위해서는 정치인 출신 구청장이 필요하다는 판단에 조 후보를 지지한다"고 밝혔다(송창헌 2018. 5. 2). 이와 같은 이유로 결국, 더불어민주당 광주 북구청장 경선이 문상필, 문인, 조오섭 후보의 3파전으로 치러지게 되었다. 문상필 후보는 "북구 주민들의 의견을 허투루 여기지 않고 주민과 함께 새 시대를 여는데 함께 하겠다"는 각오를 내비쳤고 문인 후보는 "행정경험과 중앙과의 인적 네트워크를 통해 '사람중심 혁신행정, 더불어 잘사는 행복 북구'를 만드는 데 최선을 다하겠다"고 말했다(전원 2018. 5. 3). 조오섭 후보는 "지역균형발전 정책에 부합하는 북구지역 도시재생 사업에 힘쓸 것"이라고 강조했다.

2. 공천신청자들의 전임자 평가, 지역현안 인식과 해결 방안, 선거운동전략

이 연구는 북구청장선거 예비후보자들의 전임자(추진사업)와의 관계, 지역현안 인식과 해결 방안, 선거운동(재정마련, 전략) 등을 파악하기 위해 후보자들을 대상으로 인터뷰를 진행하였다. 더불어민주당 문인 후보자는 공천과정이 끝난 후 본격적인 선거활동이 시작되기 직전 인터뷰에 응하였다. 문상필 후보자는 공천경쟁이 한창이던 시기(2018. 4. 24)에 그의 선거 사무소에서, 조오섭 후보자는 비슷한 시기(2018. 4. 23)에 서면으로 인터뷰를 진행하였다.

<표 5-2>는 문인 후보자와의 인터뷰 내용을 요약한 것이다. 문인은 인터뷰를 통해 행정중심의 구정을 펼친 전임자의 성과는 계승하고 한계는 혁신하겠다는 의지를 밝혔다. 아울러 조직안정이 중요하다며 현재의 조직구성을 크게 바꾸기보다 일하는 주민자치를 강화하며 주민과 소통하는 조직을 이끌어가겠다고 하였다. 비록 그가 송광운 북구청장의 지원 여부를 밝히지는 않았으나, 이러한 답변은 그가 부구청장을 역임하면서 형성한 전임자와의 우호적 관계를 유지하고 있음을 간접적으로 보여주는 것이라고 할 수 있다.

아울러 그는 문재인 대통령의 후광효과를 기대하며 이용섭 광주광역시장 후보와의 정책연대를 통해 선거운동을 하겠다는 입장을 취했다. 광주역 활성화나 용봉 IC 진입로 개설 등 북구의 현안에 대한 관심을 보였으며, 복지비중이 전체예산의 70%를 넘고 있는 재정구조가 북구의 발전을 가로 막고 있다는 점을 지적하였다. 이러한 답변 또한 현직 구청장의 구정에 대한 비판을 통해 차별화를 시도하

〈표 5-2〉 인터뷰: 문인

질문	답변
1. 전임자 평가	전임자의 행정중심의 북구 운영은 당연하지만 현대 민주주의사회에서 갈수록 중요해지고 있는 것이 '주민 참여와 자치', 즉 직접민주주의의 확대, 민선7기는 주민의 직접 참여하고, 주민 스스로가 행정을 꾸려가는 주민자치를 강화
	협치와 동행의 리더십으로 성과는 계승하고 한계는 혁신
	조직안정이 가장 중요, 현재의 조직구성을 크게 바꾸는 일은 없을 것이며 일하는 조직, 주민에 봉사하는 조직, 주민과 소통하는 조직으로 이끌어 갈 것
2. 선거 운동	기본적인 지지기반은 문재인대통령을 선택하고, 문재인 정부를 탄생시킨 촛불혁명의 주역인 국민들이자 북구 주민들이며 개인적으로는 행정동우회, 초·중·고·대 학교동문, 장애인단체, 북구지역 자생단체 및 사회단체 등
	자서전 출판기념회가 북구지역에 회자된 일이 있었으며 많은 분들이 "출판기념회를 통해 선거자금을 마련하는데 책을 팔지 못해서 어쩌나?" 하고 안타까워하시는 분들이 많았음. 필수 선거비용을 제외한 재정은 최대한 아끼며 선거를 치르고 있으며 그러다 보니 재정적으로 크게 어려운 점은 없었고, 펀드 대신 후원회 설립을 추진 중
	정당선거사무소가 차려질 것이며 광주시당 차원에서 공조직의 선거지원이 있을 것으로 예상, 또한 광주시장 등 더불어 민주당 소속 후보들의 정책연대도 이뤄질 것. 별도의 재정적인 지원은 없는 것으로 앎
	국민의 열망을 담은 촛불혁명이 선택한 문재인 대통령께서 너무도 국정운영을 잘해주고 계심. 정당정치에서 국민의 지지보다 큰 장점이 없다고 생각. 호남을 근본으로 하는 집권여당의 프리미엄이 향후 지역발전에 영향을 매우 큰 도움이 될 것으로 주민들이 기대하고 계신 점도 장점

3. 시급한 현안과 이에 대한 해결책	일자리 등 민생현안이 첫 번째, 광주역 활성화와 도심공동화 지역에 대한 도시재생, 호남고속도로(동광주IC~광산IC) 확장공사 및 용봉IC 진입로 조속한 개설 문제도 핵심현안
4. 북구 발전 방안	북구는 복지비중이 전체 예산의 70%를 넘고 있음. 발전정책 사업을 펼치기 위한 재정이 거의 없다는 얘기이며 이것은 재정이 열악한 기초단체 한계점은 현안사업을 추진하는데 국비, 시비에 의존할 수밖에 없다는 것, 진정한 지방자치 실현은 자치분권, 특히 재정분권이 이루어지는데서 시작되는데 다행히 문재인정부가 지방분권 강화를 약속한 만큼 새로운 지방자치시대에 대한 기대가 큼

출처: 문인 후보자와의 인터뷰.

려는 의지가 거의 없다는 점을 보여주는 것이다.

반면, 문상필이나 조오섭은 이와 확연히 다른 입장을 취하였다. 이들은 모두 행정중심의 안일함만 추구하는 현재의 북구가 쇠퇴와 퇴보를 이끌었다고 비판하면서 혁신적으로 북구를 변화시키겠는 의지를 내비쳤다. 두 후보자가 인식하는 북구의 가장 시급한 현안으로는 광주역 문제의 경우 문인과 유사하였지만, 삶의 질 하락, 안일함 추구 등은 현격히 다른 것이었다. 이들이 제시한 북구발전을 위한 공약 가운데 사회복지대책마련이나 민주인권테마파크 조성이나 친환경생태도로 건설 또한 문인의 공약과 구분되었다. 이는 전임자에 대한 태도의 차이와 함께 문인이 행정가 출신인 것과 달리 문상필과 조오섭이 학생운동과 시의원을 경험한 정치가 출신이라는 점에서 기인하는 것이라고 볼 수 있다.

〈표 5-3〉 인터뷰: 문상필과 조오섭

질문	더불어민주당 문상필	더불어민주당 조오섭
1. 전임자 평가	오랜 정체의 고착화와 삶의 질 하락의 상태를 해결하기 위해 출마 (1. 도심 간의 불균형이 심각하고 도심 공동화 현상이 심각, 2. 도심 중심적 이동에서의 북구의 소외, 3. 광주의 문화발전에서 가장 큰 문화적 인프라를 가진 북구의 소외)	광주광역시 북구의 행정은 10년 전과 변함이 없고 오히려 쇠퇴와 퇴보, 따라서 새로운 정부의 의지에 맞추어 새로운 지방정부를 만들어서 북구를 변화시키기 위해 출마
	"현 북구청장의 행정가 출신다운 안전 운행만을 추구하는 행정운영 12년이 북구를 하락시켰다"라고 말했다. 행정이 무난한 것이 결론적으로는 무탈한 12년을 보낸 것은 긍정적이라고 평가할 수 있으나, 무난함으로 인해 하락시킨 것에 대해서는 부정적이라고 생각한다며 자신은 안전 운행보다는 도전과 변화를 중시할 것이고 언급	"현 북구청장은 변화와 혁신보다는 안주와 안정을 중심에 두고 행정을 하였다"면서 행정의 편함을 가져올 수 있지만 주민들에게 행복을 줄 수 없다고 답변하며, 긍정적인 부분은 계승할 것이나 과감한 혁신 정부를 만들 것이라고 언급
2. 선거 운동	좋았던 점: 선거정치에서의 자신의 색을 정확히 이해하고 인정을 받았을 때; 힘들었던 점: 선거정치에서의 자신의 색을 오해받거나 순수성을 인정받지 못했을 때	좋았던 점: 지역주민들과 만날 수 있는 기회가 많다는 것, 변화와 혁신을 통한 새로운 북구를 건설할 수 있는 사람을 얻어가는 것; 힘들었던 점: 선거운동의 특성상 후보자인 자신과 함께 아내와 아들, 딸이 고생하는 것이라며, 아내에게 미안한 마음을 언급
	"현재 선거법상 자신이 생각하고 있는 획기적인 선거 전략은 제한되어 있기 때문에 나올 수 없으며 대신 선거법 내에 맞춰서 선거 전략을 할 계획이다."	획기적인 전략: 매일 오후 3시 '조오섭의 효자손'이라는 명칭을 붙여 페이스북에서 3분간 북구의 현재와 미래 모습 설명하는 시간을 가짐

2. 선거 운동 (계속)	핵심 공약: 사람이 많이 올 수 있는 관광 북구 만들기, 트램을 설계하고 여러 핵심 관광지를 이어지게 하는 것이 목표이며 트램의 공약이 중요하고, 새 광주 만들기, 문화관광지 만들기가 핵심이라고 언급	핵심 공약: 북구의 명칭 변화, 광주역 일원의 교체, 첨단 3지구의 조속한 착공 추진
	"구정 정책 위원회에 민·관이 다양하게 참가할 수 있도록 대책을 세울 것"이고라 직접 민주주의, 주민참여 예산제, 구정의 모든 정보는 공개하는 것을 원칙으로 하겠다고 언급	분기별 주민설명회 개최, 365일 열린 민원실, 북구청장 직통전화 신설, 청년 의회 구성
3. 북구의 가장 시급한 현안 및 해결책	1. "광주역 문제가 가장 시급하다." 송정역이 새마을호, 무궁화호를 들어오게 하고 나머지는 행정복합으로 해결해야 한다. 2. "사회복지비의 과도한 예산에 비해 북구의 삶의 질 하락이 이루어진다." 이를 해결하기 위해 자치공동체 입장에서 북구의 사회복지문제는 자체적 대체문제를 만들어야 한다고 언급	북구의 명칭 변화 광주역 일원의 교체 첨단3지구의 조속한 착공 추진 구 광주교도소 부지를 활용하여 민주인권테마파크 조성, 한국 민주주의의 전당 설립 친환경버스 투어를 포함한 친환경 생태도로 건설
4. 북구의 발전 방안	1. 광주의 미래성장 동력인 자동차 문화 에너지는 개인적으로 실패했다고 생각 2. 지하철 문제가 발전을 막고 있다고 생각함 해결방법: 자신의 공약처럼 트램을 설계해야 한다고 언급. 광주역 문제를 해결하지 않으면 미래 성장이 힘들 것이라 생각한다고 언급	변화를 두려워하는 행복의 안일함 해결방법: 계약의 적법성, 적정성을 따지는 계약심사제, 시민감사관제, 혁신 인사 행정을 공약으로 발표 지방정부의 낮은 재정자립도, 재정자주도 해결방법: 현 국세와 지방세의 비율은 80:20으로 되어 있어 이를 70:30으로 변경하는 법안을 비롯한 제도의 개선이 필요하며, 중앙정부와 협의를 통해 개정

3. 경선 결과

더불어민주당의 북구청장후보경선은 결국 문인의 승리로 종결되었다. 문인 후보가 정치신인 가산점 10%와 합산하여 39.7%, 조오섭 후보가 34.2%, 문상필 후보가 29.7%로 문인 후보가 1위로 더불어민주당의 북구청장 후보로 확정되었다. 이에 대해 문인 후보는 "존경하는 북구 주민들과 당원동지들의 위대한 선택에 감사드린다"며 "오는 6월 13일 본선에서 반드시 승리로 보답하겠다"고 밝혔다(김재홍 2018. 5. 5).

〈표 5-4〉 더불어민주당 광주광역시 북구 기초단체장 후보경선결과

후보자	득표율	가/감산비	주요경력
문인	39.7	10(정치신인)	행정부시장
조오섭	34.2	–	시의원(2선)
문상필	29.7	–	시의원(2선)

출처: 더불어민주당 공지문(2018. 5. 5).

문인 후보자는 관료출신으로 광주광역시에서 더불어민주당의 공천을 받은 유일한 기초단체장후보자가 되었다. 이 공천 결과에 대해서 어떤 이들은 정치신인이었던 그가 시의원 2선 출신인 조오섭과 문상필을 누르고 어떻게 경선에서 승리할 수 있었던 것은 그가 송광운의 북구청장 1기(2006~2010) 시절 광주광역시 북구 부구청장을 역임한 경력과 송광운 북구청장의 지원 때문이었다고 추정하였다.

그러나 조오섭과 문상필 사이에 발생한 분열이 원인이었다는

시각 또한 있다. 즉, 조오섭과 문상필이 단일화를 시도했다가 실패하면서 표심이 갈려 문인이 공천에서 승리했다고 보는 것이다. 하지만 이에 대해서도 의견이 분분했다. 다른 지역정치권 관계자는 "무리한 단일화 추진은 오히려 단일화를 추진하는 후보들의 경쟁력을 떨어뜨리는 부작용이 더 나타나기도 한다"고 말했다(여운창 2018. 5. 7). 대체로 단일화를 하려다 실패하는 사례가 많고 단일화를 했더라도 승리하는 경우는 매우 드물다. 왜냐하면, 단일화를 하면 단일 후보 측 표심이 일정 부분 모이기도 하지만 경쟁후보 측 표심을 자극해 반대편을 더욱 결집하는 역효과를 가져오기 때문이다. 다시 말해, 만약 조오섭과 문상필 가운데 한 명의 후보로 단일화가 이루어졌더라도 상대 후보를 이기기 힘들었을 것이라는 것이다.

Ⅳ. 본선경쟁: 문인 vs. 이은방의 공약 및 선거운동

광주광역시의 북구청장선거는 문인과 민주평화당 후보인 이은방의 양자대결로 압축되었다. 전임자인 송광운 부구청장에 대하여 이은방은 문인에 비해서 비판적이었으며, 행정혁신의 필요성을 강조한 점에서도 차이가 있었다. 아울러 이은방은 광주시의회의장 출신이라는 자신의 경력과 함께 북구의 지역구 국회의원들이 모두 민주평화당 소속이라는 점을 강조하며, 지역발전에 필요한 예산을 확보하겠다며 유권자들의 지지를 호소하였다. 이은방은 "국회의원 도움·시의장 경력 활용"을 언급하며, "올해 정부의 지방자치단체의 예산 홀대 논란이 있었는데, 현실로 다가온다"며 "그럼에도 불구하고 손을 놓고 있을 수 없고 정부의 예산과 시 예산을 북구로 끌어오기 위해 노력할 것"이라고 밝혔다. 또한 "당 소속 국회의원들이 광주전남 예산 2조원을 확보했고, KTX 신규 노선과 무안공항 연계에 소요되는 예산도 확보했다"며 "국회의원 통해서 정부 예산을 확보하고, 시의회 의장 경험을 통해 시예산을 북구로 끌어올 것"이라는 의지를 표명했다(김우리 2018. 5. 16).

서면인터뷰에서, 이은방(2018. 6. 3)과는 대조적으로 더불어민주당 문인(2018. 5. 28)은 행정가로서 문재인정부 및 광주시의 지원 등을 토대로 구정을 펼치기 위한 재원확보방안을 연구하겠다는 점을 강조하였다. 그는 "중앙 정부와 시에서 20년 넘게 공직자로 종사한 경험"을 장점으로 들어 "그동안 중앙정부 인맥과 사업들을 진행해 왔기 때문에 문재인 정부 시대에서도 지방 분권 시대에 걸맞는 지혜와 전략을 갖추고 있다"고 주장했다. 이어 "사회복지 예산은 어려운 문제지만, 연구하고 협업하며 구비 확보 방안을 연구할 것"이라면서 "시에서 받은 사업은 시비로, 나머지는 구비 확보 방안을 연구해 실천적 복지를 이뤄가겠다"고 밝혔다.

양자의 차이는 <표 5-5>에 정리한 것처럼 중앙선거관리위원회에 제출한 이들의 5대 공약에서도 확인할 수 있다.

이들의 공통적인 공약은 광주역과 옛 광주교도소 부지 활용이다. 광주역 관련공약으로 두 후보자가 제시한 AR·VR 제작센터 지원과 구축 계획은 동일하였지만 문인 후보자는 광주역을 4차 산업혁명시대 전진기지로 도시재생을 하는 것을 주목적으로 하는 반면, 이은방은 광주역에 국가철도역사박물관을 조성하려는 계획을 제시하였

〈표 5-5〉 후보자 5대 공약: 문인 vs. 이은방

공약	문인
1. 광주역 활성화 및 도시 재생	–KTX 광주역 재진입 노력 –광주역을 4차 산업혁명시대 전진기지로 도시재생 –광주역 유휴공간에 AR, VR 제작지원센터 구축 –중흥동 청춘창의력시장과 연계 청년 창업, 일자리 창출의 전진기지로 조성 –불편한 송정역 환승 문제는 공항좌석버스 개설하여 해소
2. 호남고속도로(동광주IC~광산IC) 확장 및 용봉IC 진입로 조속 개설	–기본설계 결과 총사업비 증가로 타당성 재조사 결정 –한국도로공사와 광주시에 조속 착공 건의 –공사 중 우회도로, 북부순환도로 우선 개설 –북부순환도로는 설계보완 및 주민의견수렴을 거쳐 1공구(용두동~일곡교차로) 조기착공 추진
3. 청년창업종합지원 대책 마련	–청년창업지원협의회 구성 등 지원네트워크 구축 –청년창업자 간 교류협력을 위한 청년창업포럼 개최 –'청년창업기업 지원 및 입찰계약에 관한 북구 조례' 제정 –청년창업자 안정화를 위한 도약 프로그램 운영
4. 민주, 인권, 평화콤플렉스 및 솔로몬로(LAW)파크 조성	–옛 광주교도소 부지에 국제민주인권평화센터 조성 –부지 내 법(LAW)교육 테마공원 조성
5. 안전한 북구 행복프로젝트 추진	–생애주기별 안전매뉴얼 작성 –중장년층 대상 '안전리더 양성교실' 신설 –빅데이터를 활용한 생활안전지도 작성 –주민이 직접 참여하는 '다중이용시설', '생활환경시설' 점검단 운영

	이은방
1. 광주역의 화려한 변신	–전면 주차장 부지에 공공형 지식산업 센터 유치 및 공공기관·산업시설 설치 조성 –국가철도역사박물관으로 조성 –지하차도 건설 –VR·AR 제작지원센터 구축
2. 우치 복합 레저 생활체육스포츠 타운 조성	–우치로 667 일원에 북구 스포츠센터, 북구종합체육관, 가족형 야외광장, 족구장 등 생활체육 시설 건립
3. 구)광주교도소 부지 활용을 통한 민주·인권·평화도시 조성	–솔로몬 로파크 조성 –(구)광주교도소 리모델링 후 체험공간 조성 –인권교육훈련센터, 인권평화기념 공원, 인권유스호스텔 등 건립 –5·18민주화운동정신을 관광상품화
4. 첨단 1·2단지와 연계한 첨단 3단지 인공지능 중심 창업단지 조성을 통한 북구 경제 활성화	–광주시, 광주과학기술원(GIST)와 함께 AI 연구원 설립 –AI인재 육성 –첨단산업단지 조성
5. 여성·청소년 친화 도시 구축	–'여성·청소년 친화센터' 건립 –여성과 청소년들간의 정책 공유 및 공동사업 추진

출처: 중앙선거관리위원회–공약.

다는 점에 차이가 있다. 옛 광주교도소 부지에는 두 후보자 모두 국제민주인권평화센터를 조성하고 솔로몬 로(LAW)파크를 조성하려는 계획을 제시하였다. 이은방은 5·18민주화운동정신을 관광상품화하는 공약으로 차별점을 두었다.

그 외에도 문인은 호남고속도로(동광주IC~광산IC) 확장 및 용봉IC진입로 조속개설, 청년창업지원협의회 구성 등 지원네트워크 구축과 청년창업자 간 교류협력을 위한 청년창업포럼 개최, '청년창업기업 지원 및 입찰계약에 관한 북구 조례' 제정 등을 통해 청년창업종합지원대책을 마련하고 안전한 북구 행복프로젝트를 추진하겠다는 공약을 내세웠다. 이에 비해 이은방은 북구 종합 체육관인 우치복합레저 생활체육스포츠 타운을 조성해 생활체육 시설을 건립하고 첨단 1·2단지와 연계한 첨단 3단지에 인공지능 중심 창업단지 조성을 통한 북구경제 활성화를 목표로 제시하였다. 또한, 여성·청소년 친화센터를 건립하는 등 여성과 청소년 친화도시를 구축하겠다는 계획을 제시하였다.

문인과 이은방은 선거운동기간에 유권자들의 지지를 얻기 위해 출정식을 시작으로 본격적인 선거운동을 전개하였다. 문인은 공천과정에서 경쟁한 조오섭을 공동선대위원장으로 임명하고, 당선이 유력한 광주광역시장후보인 이용섭, 전 북구갑 국회의원인 강기정, 광주시당위원장인 이형석 등의 지원을 받았다. 더불어민주당 문인 후보는 6월 1일 용봉동 북부경찰서 사거리에서 선거운동원들과 함께 출근인사를 시작으로 금남로 5.18민주광장에서 더불어민주당 광주시당 출정식에 이어 북구청 앞에서 북구지역 출정식을 했다. 특히 그는 "문재인 정부가 호남과 광주에 각별한 애정을 보내고 있는 절호의 기회를 북구 발전으로 이어지도록 해야 한다"며 "행정 연습으로 시간을 허비할 수 없다. 풍부한 행정경험을 가진 준비된 구청장으로 정체된 북구를 혁신적으로 발전시켜 나가겠다"고 말했다(김도은 2018. 6. 5).

이에 비해 이은방은 현직 국회의원들의 지원을 받았다. 공식선거운동 첫날인 5월 31일 북구청 사거리에서 지방선거 승리를 위한 합동 유세를 가졌다. "합동유세"에는 북구의 지역구 국회의원인 김경진과 최경환, 그리고 민주평화당 시·구의원 후보들이 이은방 후보와 함께 참석하였다. 그는 "공식적인 선거운동이 시작된 만큼, 45만 북구주민께 한걸음 더 다가가서, 그동안 준비했고 약속했던 공약과 북구의 희망을 전해드리고 진정어린 마음으로 북구발전을 위해 함께 동참해 주실 것"을 호소하였다(문승용 2018. 5. 31).

V. 결 론

지금까지 이 연구는 더불어민주당 광주광역시 북구의 기초단체장 후보공천과정 및 선거경쟁과정을 분석하였다. 당초 김상훈, 문인, 문상필, 조오섭 등 4명의 후보가 공천 경쟁을 했지만, 북구의 부구청장 출신인 문인의 승리로 귀결되었다. 선거초반 문상필과 조오섭은 학생운동과 시의원 경력을 바탕으로 유력한 후보로 떠올랐지만, 두 후보 모두 전남대 출신인 것은 물론 유사한 정치경력으로 인해 지지층이 겹쳤을 뿐만 아니라 후보단일화 시도 또한 결실을 맺지 못하면서 결국 문인에게 무릎을 꿇고 말았다. 이들의 득표율을 합하면 63.9%로 문인이 얻은 39.7% 득표율을 훌쩍 뛰어넘는 것이었다. 문인은 정치신인에게 가산점 10%를 부여하는 더불어민주당의 공천제도의 덕을 톡톡히 보았다.

제7회 지방선거에서 광주광역시 북구청장선거는 결국 문인이 77.2%의 득표율로 22.8% 득표율에 그친 이은방에게 압승하면서 종결되었다. 물론 문인의 승리는 선거운동이 개시되기 전부터 이미 예상되었던 것이지만, 지역국회의원의 전폭적인 지원을 받은 이은방이 현저히 낮은 득표율에 머문 것은 주목할 만한 것이라고 할 수 있다. 이는 무엇보다 그동안 호남의 지역정치가 지역구 국회의원에 의해 지배되어왔으며, 지역구 국회의원－기초단체장－광역·기초의원의 위계질서가 강하게 유지되고 있다고 알려져 왔기 때문이다.

이처럼 북구의 선거결과는 광주광역시의 지역정치가 지역구국회의원뿐만 아니라 다양한 정치엘리트들에 의해 작동하고 있음을 보여주는 것이라고 할 수 있다. 특히 기초단체장 선거에서 후보자의 행정경험이나 자질, 전임구청장의 영향력 또한 무시할 수 없다는 것이다. 이는 본선뿐만 아니라 더불어민주당의 후보공천과정에서도 마찬가지였다고 볼 수 있다. 유권자들에게 전임 부구청장인 문인은 지역발전을 소망하는 유권자들에게 상당히 매력적인 존재였음에 틀림없으며, 전임구청장과의 우호적인 관계를 유지하며 북구행정의 안정적 개혁을 추구하겠다는 문인의 선거운동전략이 성공적이었다고 할 수 있다. 물론 이번 선거결과에는 대통령과 집권여당의 지지율이 고공행진을 지속하고 있었던 반면, 김경진이나 최경환 등 북구에 기반을 둔 지역구 국회의원들이 야당소속이었기에 이들의 영향력이 지극히 제한적일 수밖에 없었던 점 또한 영향을 미쳤다고 할 수 있다.

〈부록 5-1〉 광주광역시 북구 정당지지도(%)

구분	더불어 민주당	자유 한국당	바른 미래당	민주 평화당	정의당	기타 후보	없음	모름/ 무응답
전체	81.7	1.9	3.8	4.2	2.6	1.4	4.1	0.2
지역－북구	83.3	2.0	2.3	3.5	1.6	2.9	3.5	0.0
19~20대	77.9	3.1	5.1	1.0	2.1	1.5	8.7	0.5
30대	80.4	3.4	2.8	3.4	3.4	1.1	5.6	0.0
40대	89.0	1.8	0.9	2.7	2.3	1.4	1.8	0.0
50대	80.3	0.5	4.0	6.6	4.1	1.0	3.0	0.5
60세 이상	79.8	1.3	6.1	7.5	0.9	1.8	2.6	0.0
남자	78.2	2.4	5.2	5.8	3.0	1.2	3.8	0.4
여자	85.0	1.7	2.5	2.7	1.9	1.5	4.4	0.2

출처: 코리아픽스 조사시기: 2018. 4. 14.
조사대상: 광주광역시 거주 만19세 이상 남녀.
조사방법: 무선ARS.

참고문헌

광주 광역시 북구청 홈페이지. http://www.bukgu.gwangju.kr/menu.es?mid=a10516000000.

김대우. 2018. "6.13지방선거 여론조사—광주 북구청장." 『무등일보』(3. 12). http://www.honam.co.kr/read.php3?aid=1520852400549713021 (검색일: 2018. 5. 17).

김도은. 2018. "더민주 문인 후보, 북구발전 절호의 기회 행정연습 없는 준비된 후보." 『천지일보』(6. 1). http://www.newscj.com/news/articleView.html?idxno=526157 (검색일: 2018. 6. 5).

김성태. 2018. "문인 광주북구청장 후보, 이용섭 광주시장 후보 초청간담회." 『프라임경제』(4. 26). http://m.newsprime.co.kr/section_view.html?no=414863 (검색일: 2018. 5. 17).

김우리. 2018. ""복지재원 어떻게?" 북구청장 예비후보들 답변은?." 『광주드림뉴스』(4. 20). http://www.gjdream.com/v2/news/view.html?news_type=201&uid=487045 (검색일: 2018. 5. 16).

김재홍. 2018. "문인 북구청장 예비후보, 더불어민주당 공천 확정." 『뉴스웨이』(5. 5). http://news.newsway.co.kr/view.php?tp=1&ud=2018050515160060014&md=20180505152229_AO (검색일: 2018. 5. 16).

더불어민주당. 2018. "더불어민주당 광주광역시당 기초단체장 경선 결과 발표." 2018. 5. 5. www.kjminjoo.kr/board03_02/4601 (검색일: 2018. 5. 16).

문승용. 2018. "이은방 북구청장 후보, 선거 승리 '합동유세'." 『아시아경제』(5. 31). http://view.asiae.co.kr/news/view.htm?idxno=201805311

5574664088 (검색일: 2018. 6. 5).
송건섭. 2015. "유권자의 투표행태와 후보자 선택모델 – 지방선거조사의 종단연구." 『한국사회와 행정연구』 25권 4호, 111~135.
송창헌. 2018. "광주 북구의회 전·현직 의장 '조오섭지지'." 『뉴시스』(5. 2). http://m.news.naver.com/read.nhn?mode=LSD&mid=sec&sid1=102&oid=003&aid=0008575622 (검색일: 2018. 5. 16).
송창헌. 2018. "광주 북구청장 文-曺 단일화 끝내 무산…'3자 경선'." 『뉴시스』(4. 26). http://www.newsis.com/view/?id=NISX20180426_0000292422&cID=10809&pID=10800 (검색일: 2018. 5. 17).
신현기·허석재. 2015. "지방선거에서 유권자의 현직 지지 요인에 관한 연구– 2014년 6·4지방선거의 기초자치단체장 선거를 대상으로." 『한국지방자치학회보』 27권 2호, 57~78.
여운창. 2018. "'단일화의 덫'…민주 광주 단체장 경선서 모두 실패." 『네이버뉴스』(5. 7). http://m.news.naver.com/read.nhn?mode=LSD&mid=sec&sid1=100&oid=001&aid=0010069780 (검색일: 2018. 5. 16).
여운창. 2018. "민주 광주 북구청장 후보 단일화 여론조사 논란 확산(종합)." 『연합뉴스』(4. 24). www.yonhapnews.co.kr/bulletin/2018/04/24/0200000000AKR201804241 34900054.HTML?input=1195m (검색일: 2018. 5. 17).
이선기. 2018. "광주 북구주민 33.8% "차기구청장, 지역경제활성화바란다." 웹데일리(4. 13). http://news.webdaily.co.kr/view.php?ud=201804131638445419d3b36be748_7 (검색일: 2019. 1. 31).
전원. 2018. "'관료와 운동권의 3파전' 민주당 광주 북구청장 경선." 『뉴시스』(5. 3). http://m.news.naver.com/read.nhn?mode=LSD&mid=sec&sid1=162&oid=421&aid=0003351227 (검색일: 2018. 5. 16).
조정관. 2015. "호남의 2014 지방선거 –민주성과 개혁성을 초점으로." 『21세기정치학회보』 25집 1호, 99~131.

제 6 장 광산구: 지역 지지기반과 중앙당의 영향

CHAPTER

06 광산구: 지역 지지기반과 중앙당의 영향

김경진, 이구슬, 허지현, 고유신, 선영재

Ⅰ. 서 론

지난 촛불혁명을 통해서 민심은 하나가 되어 공권력을 사유화하고 국정을 농단했던 박근혜 정권을 몰아냈다. 그 후 조기 대선에서 더불어민주당 후보였던 문재인이 대통령에 당선되었고, 문재인 정부는 "수도권과 지방이 함께 잘사는 강력한 지방분권 공화국"을 국정 목표로 삼아, 자치입법권, 자치행정권, 자치재정권, 자치복지권 등의 4대 지방자치권을 보장하여 중앙정부로 집중됐던 권한을 지방정부로 이양하겠다는 의지를 표명하였다. 이는 지방정부에게 더 많은 책임감을 요구하는 것일 뿐만 아니라 지방에 거주하는 국민들로 하여금 지방정치에 대한 더 많은 관심과 참여를 요구하는 것이라고 할 수 있다.

이 장은 문재인 정부가 들어선 후 처음으로 실시된 6.13 전국동시지방선거에서 광주광역시 광산구에서 진행된 더불어민주당의 기초단체장후보공천과정에 관한 것이다. 이미 잘 알려져 있듯이 촛불혁명과 문재인 대통령 취임 이후 더불어민주당의 지지율이 고공행진을 지속하는 상황에서 오래전부터 광주를 포함한 호남지역에 고착화되어온 일당우위의 정당체제와 지역주의적 투표행태가 과연 이번 선거에서도 재연될 것인가에 대하여 관심이 모아질 수밖에 없었다. 그런데, 광산구는 광주광역시 제조업의 중심지로서 젊은 유권자들이 많을 뿐만 아니라 각지에서 이주해온 외국인노동자들이 거주하는 공단이 위치한 지역으로 광주광역시의 다른 지역과는 매우 상이한 인구학적 특성이 있다. 아울러 이 지역은 이미 3~4인 선거구제 확대에 적극적으로 참여하며, 수완동의 경우 동장을 주민추천제를 통해 임명하는 등 지역구민들의 정치참여를 이끌어낸 지역으로 알려져 있다.

광산구의 이번 기초단체장 선거에는 전임 구청장이 출마하지 않아, 인지도가 비슷한 후보자들이 더불어민주당의 후보공천을 받기 위한 경쟁을 벌였다. 후보군에는 노무현정부 시절 대통령비서실에 근무했던 김삼호, 2010년 진보신당 후보로 광주광역시장선거에 출마했던 윤난실 등 다양한 후보들이 포함되었다. 컷오프를 전후로 일부 후보들 사이에 단일화가 추진되기도 하였다.

이 연구는 이처럼 광산구의 인구학적 특성이나 후보자들의 특성, 후보단일화 등 선거운동전략 등을 고려하여 후보공천과정을 분석함으로써 특유의 지역정치를 조명해보고자 하였다. 이를 위해 여기서는 중앙선거관리위원회에서 제공하는 선거관련 정보와 언론보도 등을 통해 알려진 후보자들의 조직과 정책에 관한 자료를 수집하였다. 또한 지방선거에 출마한 후보들과 정당 관계자와의 인터뷰를 통하여 선거과정에서 드러난 후보자들의 선거운동전략을 분석하였다. 아울러, 정당 공천 확정 이후 본선 기간에 후보자들의 선거운동에 대한 참여관찰을 진행하였다.

이 연구는 앞서 언급했던 것처럼 다른 자치구(自治區)에 비해서 상대적으로 높은 비율의 젊은 연령층과 이주외국인을 포함한 산단 노동자들이 존재하기에 강한 지역주의적 투표성향이 지속되어온 광주광역시 내부에서 작동하는 지역정치의 다양성을 파악하는 데 도움을 줄 수 있을 것이다. 아울러 이 연구는 압승이 예상되는 더불어민주당에게 공천을 신청한 이들의 다양한 경력이 공천결과에 미쳤던 영향과 후보단일화가 실패한 원인을 파악하는 데에도 도움을 줄 수 있을 것이다.

이 연구는 Ⅱ절에서 광산구의 인구학적 특성과 역대 광산구청장 지방선거 선거결과를 설명할 것이다. Ⅲ절에서는 더불어민주당의 후보공천과정에서 시도된 후보단일화를 포함한 후보자들의 선거전략과 이들이 제시한 정책 및 선거운동, 그리고 Ⅳ절에서는 후보자들에 대한 인터뷰, 선거운동 참여관찰 등을 통해 파악한 각 당의 후보들 사이에 이루어진 경쟁과정을 설명하였다. Ⅴ절에서는 이 연구의 분석결과를 요약하고, 그 함의를 논의할 것이다.

Ⅱ. 광주광역시 광산구의 인구학적 특성과 역대선거결과

1. 광산구의 인구학적 특성

광주광역시 광산구는 전국에서도 손꼽히는 젊은 자치구이다.

이러한 특성으로 인해 젊은이들이 지역정치에 관심이 있고 제도적 기반이 마련되면 광주광역시의 다른 자치구보다 시민단체나 토론회, 실질적인 행정정치참여 등 시민들의 다양한 정치활동이 더 활발하게 일어날 수 있는 잠재력이 있는 지역이다. 광주광역시 2017년 주민등록인구통계에 따르면 광산구의 인구는 광주광역시 총 인구의 27.6%이다. 북구의 30% 다음으로 두 번째로 높은 수치를 보여준다. 평균연령이 36.4세로 45.3세의 동구보다 약 9살이 낮다. 인구증가도 광주 지역 내에서 유일하게 증가하였다. 65세 이상의 노령인구는 8.3%로 동구 21.0%의 절반도 되지 않는다(광주광역시 2018). 광산구는 광주광역시 제조업의 중심지이다. 5개 산단 2,300여 개 기업이 있는 광산구는 광주 실물경제의 중심이다. 광주광역시 체류 외국인 중 광산구 체류 외국인의 비율이 57.1%로 산업단지의 영향으로 매우 높은 편이고, 다른 지역 출신의 노동자들도 매우 많다(광주광역시 2018).

2. 광산구청장 역대 선거결과

광산구 역대 구청장 선거에서 광주·호남의 지역정당인 민주당계 정당이 절대적인 우위를 보여왔다. <표 6-1>에 잘 나타나 있듯이 광산구의 민선1기 지방선거에서 6기까지 기초자치단체장선거에서는 민주당계 정당후보들이 100% 당선되었다. 이는 기초의회선거의 경우 다른 정당 후보들이 일부 당선된 것과는 비교가 된다. 특히, 2, 3회 지방선거에서 기초단체장에 당선되었던 송병태 후보의 경우 인지도가 높은 유력한 후보였음에도 불구하고 4회 지방선거에서는 계파공천에 대한 비판과 유권자혁명을 명분으로 민주당을 탈당

〈표 6-1〉 광주광역시 역대 광산구청장 선거 결과

회	선거인수	투표수	후보자별 득표수(득표율)					무효	기권
1	109,470	73,835	*민주당 고재유*	민주자유당 양해달			계	1,835	35,635
			66,015 (91.68)	5,985 (8.31)			72,000		
2	152,091	75,699	*새정치국민회의 송병태*	자유민주연합 김승재			계	1,526	76,392
			63,811 (86.02)	10,362 (13.97)			74,173		
3	175,804	75,449	*새천년민주당 송병태*				계	7,446	100,355
			68,003 (100.00)				68,003		
4	208,000	97,521	*민주당 전갑길*	무소속 송병태	열린우리당 이상갑	민주노동당 이승남	계	1,210	110,479
			35,460 (36.81)	26,963 (27.99)	19,392 (20.13)	11,417 (11.85)	96,311		
5	242,692	117,056	*민주당 민형배*	국민참여당 송병태	민주노동당 신중철	한나라당 박창원	계	1,620	125,636
			63,543 (55.04)	33,484 (29.00)	12,861 (11.14)	5,548 (4.80)	115,436		
6	285,875	156,159	*새정치민주연합 민형배*	통합진보당 박오열			계	3,296	129,716
			127,437 (83.36)	25,426 (16.63)			152,863		

출처: 중앙선거관리위원회 통계시스템.

한 이후 무소속으로 3선에 도전했지만 민주당이 공천한 전갑길 후보에게 패배한 바 있다. 다른 지역과 마찬가지로 광산구 지역은 민주당계 정당에 대한 전폭적 지지가 역대선거에서 이루어졌으며, 이에 따라 이번 지방선거에서는 누가 더불어민주당의 공천을 받느냐가 기초단체장에 당선되는 데 가장 중요한 관건이었다고 할 수 있다.

아울러 <표 6-1>에서, 지방선거 회차가 거듭될수록 광산구 유권자 수가 급증(1.6배)하였음에도 불구하고, 지난 1회와 6회 지방선거를 제외하면 투표율이 50% 미만이었다. 하지만 3회 지방선거 이후에는 투표율이 전반적으로 상승하였으며, 지난 제20대 총선에서 광주광역시의 모든 선거구에서 승리했던 국민의당의 후신인 민주평화당이 더불어민주당과 경쟁한다는 점을 고려하면 이번 지방선거에서도 투표율이 어느 정도 오를 것으로 예상할 수 있었다.

그 외에도 한 가지 주목할 점은 이번 선거에서는 민형배 구청장의 불출마로 선거경쟁이 훨씬 치열하게 이루어질 것이라는 전망이었다. 황아란(2015)에 따르면 최근에는 투표결정요인으로 현직효과가 더 강해졌으며, 이번 지방선거에서도 만약 민형배가 광주광역시장 선거에 출마하지 않고 광산구청장 선거에 출마했다면 후보경선과정에서 매우 유리했을 것이라고 볼 수 있다. 따라서, 유력후보인 현역구청장의 불출마로 당선자가 불확실한 광산구청장선거의 경우 투표율이 상승할 것이라는 추정이 가능하였다.

Ⅲ. 더불어민주당의 후보공천

1. 1차 컷오프와 김삼호 구제

광주광역시 광산구는 제6회 지방선거에서 당선된 민형배 구청장의 광주광역시장 출마 선언으로 인해 더불어민주당 구청장 예비후보로 여러 명의 후보들이 경선에 뛰어들어 최종 1명 후보가 확정될 때까지 치열한 경쟁이 지속되었다. 더불어민주당의 후보경선은 여론조사를 반영하기 때문에 이들은 광산구 지역의 인구이동이 가장 많은 수완지구, 첨단지구, 대학가를 중심으로 피켓운동과 명함돌리기를 하고, 출판기념회나 활발한 SNS활동을 하면서 자신의 이름과 공약들을 유권자들에게 알리고 표를 호소하였다. 또한 광역자치단체장 선거와 연계한 선거마케팅 전략을 이용한 사례도 있었다. 예를 들어 구청장 예비후보인 윤봉근 예비후보는 SNS를 통해 공식적으로 이용섭 후보를 지지하였고, 윤난실 예비후보는 민형배 전 광산구청장을 지지하였다.

공천경쟁이 본격화되기 이전에는 광산구에서 특별히 압도적으로 우세한 예비후보는 없었다. 하지만 <표 6-2>에서 볼 수 있듯이, 1차 컷오프에서 윤봉근, 윤난실, 김영록 등 3명의 예비후보가 통과한 반면, 당초 유력한 후보였던 김삼호가 광산구시설관리공단 이사장을 맡던 시절에 불법당원을 모집한 혐의로 불구속 기소되어 탈락하였다. 그러나 심사결과에 승복하지 않고 중앙당 공직선거후보자추천 재심위원회에 재심 신청서를 제출한 그의 요구가 이례적으로 수용되어 당내 경선에 다시 참여할 수 있게 되었다. 김삼호 후보는

〈표 6-2〉 광산구청장 더불어민주당 경선 컷오프 과정

컷오프 과정	내용
컷오프 전 여론조사	김삼호, 임한필 예비후보 1, 2위 다툼
1차 컷오프 결과	윤봉근, 윤난실, 김영록 예비후보 3명으로 압축 (김삼호, 임한필, 장성수 예비후보 컷오프)
컷오프 재심요청	컷오프 예비후보들 중앙당 공직선거후보자 추천 재심위원회 재심신청서 제출
재심 결과	김삼호 예비후보 컷오프 통과(당내 경선 재참여) 윤봉근, 윤난실, 김영록, 김삼호 예비후보 4명으로 압축

서면 인터뷰에서 광산구청장 예비후보 중에 자신이 압도적으로 1등이었음에도 불구하고 광주광역시당 공천심사위원회가 기소되었다는 사실만으로 자신을 컷오프시킨 것은 잘못된 것이며, 중앙당의 재심위원회가 이를 고려하여 자신을 구제한 것이라고 밝혔다.

후보단일화는 보통 하위권 후보들이 힘을 합쳐 상위권 후보에 대항하기 위한 선거 전략으로 이용되는 경우가 많다. 이는 흩어져 있는 여러 후보들의 표심을 특정후보에게 몰아 지지도를 높이기 위한 선거전략으로 대선을 포함한 각종 선거에서 흔히 볼 수 있는 것이다. 하지만 그 효과가 항상 기대했던 것만큼 나타나는 것은 아니다. 왜냐하면, 대체로 후보단일화에 참여하는 후보들의 지지층이 겹치거나, 단일화한 후보 이외의 후보자를 지지했던 유권자들 가운데 상당수가 반발하기 마련이기 때문이다. 무리한 단일화 추진은 오히려 단일화를 추진하는 후보들의 경쟁력을 떨어뜨리는 부작용이 나

타날 수 있다.

광산구청장 후보경선을 앞두고 처음 시도된 후보단일화는 <표 6-3>에서 볼 수 있듯이 김삼호를 포함한 3명의 예비후보자들에 대한 1차 컷오프 직후 여성가산점을 받게 된 윤난실이 유력한 후보로 부상하자, 그녀에 대항하기 위해 윤봉근과 김영록이 추진하다 중단되었다. 하지만 여론조사 1위였던 김삼호가 중앙당 재심위원회에서 구제되자 김영록은 물론 임한필, 장성수 등과 재차 후보단일화를 시도하였다(신홍관 2018). 이에 대해 김삼호는 서면 인터뷰에서 “경선후보자가 확정된 뒤에 단일화나 지지선언은 민주적인 방법은 아니다. 무책임한 행동이고 제도적으로 방지할 방안이 필요하다. 이것은 개인적인 유·불리를 떠나 우리 정당정치, 게임의 룰에 대한 전반적인 문제이다”라며 부정적인 입장을 밝혔다.

〈표 6-3〉 광산구청장 더불어민주당 당내 후보경선 중 단일화 과정

단일화 과정	내용
1차 단일화 시도	1차 컷오프 이후 여성가산점을 받은 윤난실 후보에 대항하기 위해 윤봉근 예비후보를 중심으로 김영록 예비후보 단일화 추진(4월 24일) → 철회(4월 25일)
2차 단일화 시도	컷오프 재심 이후 당내 경선후보가 4명으로 확정되면서 윤봉근 예비후보를 중심으로 김영록, 임한필, 장성수 예비후보 단일화 추진(4월 30일) → 당내 경선결과 윤봉근 후보 공천탈락

출처: MBN뉴스 2018; 이미애 2018.

한편 윤봉근 중심의 단일화는 다른 의미로도 해석될 수 있다. 윤난실과 김삼호는 친 민형배계인 반면, 윤봉근과 1차 컷오프에 포함된 임한필과 장성수는 친 이용섭계로 분류된다. 이날 발표된 민주당 광주시의원 경선 결과, 광산지역에서 친 민형배 진영이 대거 약진하자, 이에 위기감을 느낀 친 이용섭계 예비후보자들이 단일화 작업을 서둘러 진행한 것으로 볼 수 있다. 친 이용섭계 후보를 한 명으로 압축하면 충분히 승산이 있다는 판단에서다. 이로서 경선은 다시 3자대결체제가 되었다. 하지만 이들의 기대와 달리 유력했던 윤봉근 후보가 공천에서 탈락하였으며, 그 후 단일화에 참여했던 장성수 후보가 더불어민주당을 탈당하고 무소속으로 광산구청장 본선경쟁에 뛰어들었다.

2. 정책 및 선거운동

더불어민주당의 후보공천과정에서 예비후보자들은 다양한 정책을 제시하여 유권자들의 지지를 호소하였다. 김삼호 후보는 서면인터뷰를 통해 지역정치참여 촉진을 위한 방안으로 광주광역시가 5개 산업단지와 2,300여 개 기업이 있는 실물경제의 중심이기 때문에 제조업 분야에 대해 많은 투자를 해야 한다고 주장했다. 특히, 그는 광산구정에 부여된 행정권한과 예산이 제한되어 있기에 자치분권시대로 전환될 경우 산업진흥분야에 더 많은 행정력을 투자해야 한다고 주장하였다. 아울러 그는 조례를 제·개정하는 등 주민자치 행정을 활성화시키고 공동체 신탁제도, 시민참여제도 등 젠트리피케이션 방지제도를 도입하겠다고 밝혔다.[1]

1 '젠트리피케이션(gentrification)'은 도심 재활성화 용어로 널리 알려져 있으며, 낙후했던 동네상권이 활성화되면서 임대료가 치솟아 처음에 자리를 잡았던

이에 비해 윤봉근 예비후보의 대표적인 정책은 광산구의 낙후된 구도심 중 하나인 송정리를 개발하는 것이었다. 송정역에 민간자본을 투입시켜 복합환승센터를 구축하고 송정지역을 융복합단지로 조성하겠다고 하였다. 또한 융복합단지 조성으로 인한 지역 소상인들의 상권에 직접적인 피해가 발생하지 않도록 문화·업무·관광·교통 등의 이용자들 편의시설을 주로 개발하여 지역경제를 활성화시키면서도 소상인들을 보호하는 정책을 만들겠다고 하였다. 이는 수완지구, 신창지구 등 신도심지와 비교되는 임곡, 송정리 등 구도심지의 개발을 통해 지역경제 불균형을 해소하기 위한 정책들이었다(노광배 2018).

김삼호나 윤봉근에 비해 윤난실 예비후보는 진보신당 출신답게 산업단지가 밀집되어 있는 광산구의 특징을 고려하여 산단 노동자들에게 호소력이 있는 노동관련 공약을 주로 제시하였다. 그녀는 노동존중사회 구현의지를 강조하며 노동정책 전담부서 설치, 광산워라밸위원회를 만들어 노사민정 협의체를 활성화시키는 것 등을 대표공약으로 내세우며 노동환경 개선을 위한 정책들을 내놓았다(윤난실 2018).[2]

임차인들이 다른 지역으로 쫓겨나는 현상을 말한다(조명래 2016).

2 광산구청장 후보들뿐만 아니라 서면인터뷰에 참여한 광산구의원 예비 후보자들 또한 지역 주민이 직접 참여하는 공동체 활성화 방안으로 마을기업과 사회적 기업을 활성화시키자는 제안을 하였다. 민중당 소속 김선미 후보와 보수정당을 배척하는 광주에서 자유한국당 소속으로 5선을 준비하고 있던 박삼용 후보는 지역정치의 현안과 주민참여를 확대하는 방안에 대해 광주 군공항 소음문제해결이나 노인복지확대, 청년참여정책 확대 등을 통해 많은 사람들이 공통적으로 관심을 가질 수 있는 다양하고 실용적인 정책을 주장했다. 그리고 광산구의 문제를 해결함으로써 유권자들로부터 신뢰를 주고, 정치참여가 적은 젊은 연령층이 직접 자신들이 처한 사회정치적 문제를 해결할 수 있

더불어민주당의 공천신청자들은 유권자들의 지지를 얻기 위해 다양한 방식의 선거운동을 펼쳤다.[3] <표 6-4>에 요약한 바와 같이 김삼호 후보자는 서면인터뷰(2018. 5. 14)에서 다른 후보들에 비해 직접적으로 시민들과 마주하기보다 토론회와 간담회를 중심으로 활동할 것이라고 답변한 바 있다. 이와는 대조적으로 임한필 후보는 인지도를 넓히기 위해 직접 거리에 나가 행인들을 상대로 피켓선전에 주력한 것으로 보인다.

더불어민주당은 광산구청장 예비후보 토론회를 5월 1일 개최하고, 5월 3~4일 실시된 권리당원 ARS투표 50%와 안심번호국민ARS투

도록 많은 사회제도가 마련되어야 한다는 입장을 밝혔다.

3 법에서 "선거운동"이라 함은 당선되거나 되게 하거나 되지 못하게 하기 위한 행위를 말하며 선거운동에 참여할 수 있는 사람은 대한민국 국민이면서 미성년자가 아니며 국가공무원이 아닌 사람이여야 한다.

제68조(어깨띠 등 소품) ① 후보자와 그 배우자(배우자 대신 후보자가 그의 직계존비속 중에서 신고한 1인을 포함한다), 선거사무장, 선거연락소장, 선거사무원, 후보자와 함께 다니는 활동보조인 및 회계책임자는 선거운동기간 중 후보자의 사진·성명·기호 및 소속 정당명, 그 밖의 홍보에 필요한 사항을 게재한 어깨띠나 중앙선거관리위원회규칙으로 정하는 규격 또는 금액 범위의 윗옷(상의)·표찰(표찰)·수기(수기)·마스코트, 그 밖의 소품을 붙이거나 입거나 지니고 선거운동을 할 수 있다.

제80조(연설금지장소) 다음 각 호의 1에 해당하는 시설이나 장소에서는 제79조(공개장소에서의 연설·대담)의 연설·대담을 할 수 없다.

1. 국가 또는 지방자치단체가 소유하거나 관리하는 건물·시설. 다만, 공원·문화원·시장·운동장·주민회관·체육관·도로변·광장 또는 학교 기타 다수인이 왕래하는 공개된 장소는 그러하지 아니하다.

제102조(야간연설 등의 제한) ① 이 법의 규정에 의한 연설·대담과 대담·토론회(방송시설을 이용하는 경우를 제외한다)는 오후 11시부터 다음날 오전 6시까지는 개최할 수 없으며, 공개장소에서의 연설·대담은 오후 10시부터 다음날 오전 7시까지는 이를 할 수 없다. 다만, 공개장소에서의 연설·대담에 있어서 휴대용 확성장치만을 사용하는 경우에는 오전 6시부터 오후 11시까지 할 수 있다(중앙선거관리위원회 공직선거법 제7장 선거운동).

〈표 6-4〉 선거운동에 대한 후보자 입장

김삼호 광산구청장 더불어민주당 후보 인터뷰 中	임한필 광산구청장 더불어민주당 예비후보 인터뷰 中
적합한 선거운동장소는 매우 주관적이고 유동적이다. 선거환경은 변화한다. 어쩌면 오프라인 선거는 매우 미미한 비중으로 변화되고 있다. 오히려 온라인을 통한 선거운동이 대세가 될 것으로 보인다. 각 직능, 동호회, 단체 등과의 간담회가 효과적인 선거운동이라 생각한다. 이해관계가 있고 구정에 대한 견해가 수렴될 수 있는 자리는 이런 자리다. 무차별적인 명함나누기, 상가방문, 거리연설보다 10~20명 단위의 간담회와 토론회가 실질적인 선거운동이라 판단한다. 더 생산적이고 합리적이다.	방금 거리선전을 영광통 사거리에서 하고 왔다. 후보가 할 수 있는 일중에 하나가 첫 번째는 피켓선전인데 피켓도 목에 꼭 줄로 걸어야 된다. 들고 있으면 안 된다. 피켓선전을 하는데 가장 중요한 건 얼마나 차들이 많이 다니느냐이다. 우리 광산구 같은 경우는 수완동에 국민은행 사거리와 제2순환도로 교차로 있는 곳, 영광통 사거리, 흑석사거리, 첨단 쪽 남부대 삼거리라고 할 수 있다. 본선에 들어가면 유세차량도 가능한 한 사람과 차량이 많이 다니는 곳에 하게 된다. 두 번째로는 거리를 돌면서 할 때 일반 상가, 술집 거리 등을 공략한다. 사람들이 많이 다니기 때문이다.

표 50%를 반영해 최종 후보로 김삼호를 공천하기로 최종 확정하였다. 당초 그가 선거법 위반혐의로 기소된 상태임에도 불구하고 시도당공천심사위원회의 컷오프 대상에서 구제되고 마침내 더불어민주당의 후보공천을 받게 되자, 이는 과거 고려대학교 부총학생회장 출신으로 1987년 민주화를 이끈 전대협 지도부의 일원이자, 노무현 정부시기 대통령비서실 행정관을 역임했던 그가 당내외에서 소위

'586세대'를 대표하는 정치인들, 특히 친노 계열 인사들의 지원을 받았기 때문이라는 평가가 있었다. 하지만, 그가 당내경선에서 52.6%의 지지를 얻어 공천을 받은 것은 단순히 그것만으로 설명하기는 어렵다. 오히려 그와 마찬가지로 대통령 비서실의 행정관을 역임했던 광산구청장 민형배의 지원으로 광산구시설관리공단 이사장직을 수행했던 그가 2천여 명의 당원을 확보하는 등 지지층 구축에 성공한 것이 공천경쟁과정에서 상당한 도움을 주었을 것으로 보인다.

Ⅳ. 본선경쟁

광산구의 기초단체장 선거는 더불어민주당의 김삼호, 민주평화당의 이정현, 무소속 장성수의 대결로 진행되었다. <표 6-5>는 이들의 정책 공약을 경제, 복지, 교육, 자치 분야로 나누어 정리한 것이다. 이 표에 잘 나타나 있듯이 세 후보 모두 전체적으로 주요지역 현안과 관련하여 유권자들의 관심을 끌 만한 공약들을 선정하여 정책으로 제시하였다.[4] 더불어민주당의 김삼호 후보는 주로 경제분야와 주민 지역자치참여에 관련된 공약을 적극적으로 내세웠다. 특히 경제분야의 경우 다른 후보들에 비해 더 많은 항목들을 제시하며 광산구 지역경제 활성화를 주장하고 있었다. 하지만 교육 분야에서 광산구의 주요현안인 수완지구를 비롯한 신도심지의 학교 부족문제에

4 흔히들 많은 후보들이 선거에 출마하기 위해 표면적으로 좋은 지역공약들을 내세우지만, 실현가능성과 효율성 면에서 부족한 경우가 많다. 정책에 기반하여 후보를 평가한다면 그 정책을 추진하는 데 필요한 재원을 어떻게 끌어들여서 얼마나 성공 가능성 있게 진행될 수 있는지 판단하는 것이 중요할 것으로 보인다.

〈표 6-5〉 광산구청장 본선후보 정책공약 비교

	김삼호 (더불어민주당)	이정현 (민주평화당)	장성수 (무소속)
경제	1. 에너지밸리 광역화 추진 2. 기업지원센터 설립, 기업지원 전담부서 설치 3. 중소기업상품 마케팅 지원플랫폼 구축 4. 지속가능한 사회연대 경제 지원 및 스타 사회적 기업 육성 5. 빅데이터를 통한 전통시장 맞춤형 정책 발굴 6. 농업 생산·소비 연계시스템 구축을 통한 안전한 '광산 먹거리공동체' 조성	1. 각종 규제완화와 행정서비스 제공을 통한 기업유치와 중소기업육성 2. 빛그린산단, 친환경 자동차 산업단지로 육성 3. 재래시장과 소상공인에 대한 지원 확대 4. 농업기반시설 확충 및 현대화 추진 5. 로컬푸드 직매장 확대, 농작물재해보험 지원	1. 그린벨트 내 자연 자원의 관광 자원화(세계자연정원, 김치촌, 한우거리, 승마거리) 2. 광주송정역 역세권 추진 3. 평동 군포사격장 이전 대단위 위락시설 유치
복지	1. 저출산 완화 및 여성의 일·가정 양립을 위한 '공공돌봄센터' 설치 및 운영 2. 교통약자의 이동권 보장을 위한 '무장애마을' 만들기 3. 보건소 기능 확대 (치매안심센터 건립 등)	1. 경로당 바우처 및 도우미 제도 확대, 운영비 지원확대 및 노후시설 정비 지원 2. 노인복지시설 인프라 구축 3. 장애연금 및 수당지원 4. 중·소규모 실내체육관 건립 5. 나홀로 아동 zero 아동센터 운영 및 아동센터 프로그램 다양화	1. 구립 문화 복지시설을 시립으로 전환 2. 그린벨트 내 유지 활용 야외 공연장·수련관 등 건립 3. 구 장애인 체육회 설립 및 장애인 지원서비스 구축

교육	1. 학생, 교사, 학부모, 행정기관으로 구성된 '광산교육포럼' 운영 2. 어린이 놀이문화공산 '공공키즈카페' 조성 3. 시민자유대학 프로그램의 확대 4. 구청장이 묻고, 청년이 답하다, '광산 청년1번가' 운영	1. 광산교육지원청 복원 2. 한전공대 유치 3. 과밀학급 해소, 원거리 배정문제 해소 4. 학교신설 및 명문고 유치 5. 친환경 로컬푸드와 연계한 무상급식 확대	1. 기업체와 학교·보육시설 자매결연 추진 2. 한전공대 유치 3. 신도심권 전통 사립고 유치 4. 광산교육지원청으로 원상회복 추진 5. 조용한 면학분위기 조성을 위한 광주 군공항 소음 절감대책 마련
자치	1. 자치분권 헌법개정 대응 500여 개 조례 재정비 2. 시민참여 플랫폼 구축 3. 주민자치회 등 주민 개표기구의 권한 강화 4. 광산구의 주요 위원회에 여상참여 제도화	1. 주민참여예산제도, 주민 조례발의 제도 확대 2. 갈등 해결 시스템 구축 및 옴부즈맨 제도 확대 3. 주민신문고 제도 도입 4. 구민 정책 전문가 양성을 위한 교육 프로그램 확대 5. 구청장 직속 주민구정참여위원회 신설	1. 시와 자치구 간 자치분권 강화 2. 구정의 주민 직접참여제 추진 3. '촛불시민형' 자원봉사센터 전환 4. 구 예산 지원 각 사회단체 독립성 보장

출처: 각 후보의 선거공보물.

대한 구체적인 대책을 언급되지 않아서 다른 부분의 공약에 비해 부실한 공약으로 보였다.

광주시의원 출신인 민주평화당의 이정현 후보는 경제 활성화와 일자리 창출 정책에 초점을 두고 기업유치와 중소기업 투자확대에 힘쓸 것임을 약속했다. 젊은 층이 많은 광산구의 특성을 고려하여 청년 실업률을 최대한 낮추고 취업지원을 체계적이고 효율적으로 진행시켜 젊은 층의 지지를 얻고 민생경제의 안정화를 위해 힘쓰겠다고 하였다. 더불어민주당으로부터 공천을 받지 못하고 컷오프가 되자 무소속으로 출마한 장성수 후보는 한전공대 유치를 제1순위 공약으로 내세웠다. 그는 최고 수준의 인적·물적 인프라 조성 및 학생의 자율성 최대화를 목표로 한전공대 설립에 관해서 용역업체 선정과 과업 범위, 추정 사업비와 개교 예정일까지 계획을 세워 제시하였다. 또한 한전공대 설립 부지 선정관련 계획과 함께 송정 금호타이어 공장 이전을 연계하여 광주송정역 역세권 추진과 관광특구 조성, 평동 군포사격장 이전 후 대단위 위락시설유치를 통한 일자리 창출공약을 내세웠고 이를 위한 추정사업비와 재원조달 방안이 다른 후보들에 비해 구체적이었다.

이들의 선거운동에 대한 관찰은 선거운동 방식과 선거운동원, 선거운동 주변의 분위기, 사람들의 반응 등을 중심으로 본선을 1주일 앞둔 2018년 6월 6일 오전 9시부터 오후 6시 사이에 이루어졌다. 관찰 장소는 광산구 내에서 사람이 많이 모이는 번화가 즉 상대적으로 인구밀도가 높은 동네에서 선거운동이 이루어지리라 예상했던 수완지구의 국민은행 사거리를 중심으로 그 주변 거리와 동네들로 정하였다. 관찰결과 유세활동은 주로 많은 시민들과 차량이 볼 수 있도록 사거리에서 이루어졌으며, 상가와 아파트 단지가 밀집한 곳에서 오후, 저녁시간대에 확성장치를 이용하여 진행되었다.

평소에는 주로 후보자들의 구체적인 정책보다 슬로건을 앞세우고 트로트를 개사하여 이목을 끌고 있었다. 관찰 당시 춤을 추지는 않았으며 불쾌할 정도의 소음은 느껴지지 않았다. 소음 대신에 유세활동을 하고 있는 주변 거리를 걷고 있으면 친절한 미소와 함께 "○○○후보입니다"라는 말을 하면서 명함을 건네주었다. 사람들은 대부분 무표정으로 명함을 받아갔으나 조금 멀리 떨어진 거리에서 명함들이 길바닥에 있음을 발견할 수 있었다. 특이한 점은 한 블록을 지나는데 무려 광산구의원 후보자들의 명함을 세 개나 받을 수 있었다. 구의원 후보자들의 경우 후보 수도 많고, 시민들에게 잘 알려지지 않은 탓에 직접 마주하고 명함을 나눠주는 활동이 활발했다고 볼 수 있다. 구의원 후보자들의 유세활동과는 다르게 구청장 후보자들의 유세활동은 직접적으로 명함을 나눠주는 것보다 사람들에게 더 각인되기 위해 눈에 확 띄는 피켓선전활동이 더 활발한 듯 보였다.

유세관찰을 진행한 날이 현충일이라 그런지 소란스럽지 않았고 피켓선전과 명함을 나눠주는 활동이 활발했다. 선거로고송과 율동 등 시끄러운 유세활동은 최대한 자제하였고, 사람들과의 대면접촉을 통한 지지호소나 거리환경 정화활동 등 조용한 분위기를 유지한 채 선거운동이 진행되었다. 이에 더해 현충일을 기념하기 위해 광주지역 지방선거에 출마한 많은 후보자들이 현충탑 참배에 참석했다(김대우 2018). 이처럼 그들이 예비 공직자로서 국가적 행사를 챙기고 애국심을 보여주는 모습 또한 선거운동 중 이미지 선전의 일환으로 해석될 수 있었다.

광산구 기초단체장 선거는 결국 더불어민주당 김삼호의 승리로 끝났다. 그는 무려 75.8%의 득표율로 각각 15.6%와 8.6%의 득표에 그친 민주평화당의 이정현과 무소속 후보인 장성수를 물리쳤다. 이번 지방선거에서도 더불어민주당이 광주광역시의 기초단체장 경선에서 모두 승리함으로써 일당우위의 정당체제가 재연되었으며, 광산구 또한 예외는 아니었다. 중앙선거관리위원회 선거통계시스템에 따르면 광산구의 투표율은 58%로 광주광역시 지역구 중에서 가장 낮은 수치를 보여주었다. 총투표자수로 봤을 때는 북구 다음으로 많은 사람들이 투표에 참여했지만 지역구 총 선거인수 대비 투표율의 경우에는 다른 지역구에 비해 조금 낮았다. 한편 광주광역시 지역구 중 동구는 62.7%의 투표율로 가장 높은 것으로 나타났다.

V. 결 론

지금까지 이 연구는 참여관찰을 통해 더불어민주당의 광주광역시 광산구청장 공천과정을 분석하였다. 특히, 이 연구는 광산구의 인구학적 특성이 어떻게 지역정치에 반영되는지, 후보자들의 정치경력과 경선과정에서 시도된 후보단일화과정을 살펴보았다.

이를 통해 이 연구는 광산구의 인구학적 특성인 젊은 연령층과 다양한 출신의 산단 노동자들의 존재가 더불어민주당의 기초단체장 후보경선에도 어느 정도 반영되었음을 확인할 수 있었다. 진보정당인 진보신당 출신의 윤난실이 더불어민주당의 후보경선과정에서 상당한 성과를 얻을 수 있었던 것은 이들의 지지가 없었다면 불가능했을 것으로 보인다.[5] 그녀는 비록 후보경선에서 실패하였으나, 여성

5 광역의원 민중당 후보들의 득표율은 동구와 북구에서 각 후보가 10% 미만의 낮은 득표율을 보였고 남구의 경우 민중당 후보가 없었다. 서구의 경우는 민중당이 37%의 득표율을 보였는데 이는 더불어민주당과 민중당 단 2명의 후

이면서도 후보경선과정에서 다른 후보들을 위협할 수 있었던 유력 후보였다. 물론 이러한 성과를 얻을 수 있었던 것은 여성가산점을 부여하는 더불어민주당의 공천제도와 함께 그녀가 오랫동안 이 지역에서 활동해온 경력 또한 도움이 되었다고 볼 수 있다.[6]

아울러 이 연구는 후보자들의 경력이 이 지역의 기초단체장 후보경선결과에 상당한 영향을 주었음을 보여주었다. 특히 김삼호가 예비경선에서 컷오프되었다가 구제되면서 본선까지 진출한 것은 대통령비서실 행정관 등을 역임하고, 민주화 과정에서 학생운동에 참여한 '586세대'의 일원으로서 그가 당내외에 형성한 인맥이 없었다면 기대하기 힘든 것이었다고 할 수 있다. 이는 서구에서 공천을 받은 서대석 후보 또한 과거 노무현 정부 시절 비서관이었던 사례가 더해진다면 이 주장의 근거는 더 확고해질 수 있다. 물론, 그가 전임 구청장의 지원으로 광산구시설관리공단 이사장으로 재직하며 지역내에 확고한 지지기반을 다진 것도 큰 몫을 했다고 볼 수 있다. 광주시의회 의장 출신인 윤봉근 예비후보가 여러 군소후보들과의 단일화를 통해 전세를 뒤집고자 했으나 역부족이었다. 윤봉근은 지난 2014

보가 출마했기 때문에 표가 분산된 것으로 보인다. 눈에 띄는 것은 광산구의 경우 여러 후보들이 출마했음에도 불구하고 민중당 후보들이 10% 이상의 득표율을 보였다는 점이다. 기초의원 민중당 후보들의 득표율은 비록 10% 미만이 많았지만, 동구, 서구, 남구, 북구에서 대부분 더불어민주당과 민주평화당 다음으로 민중당의 득표율이 높았다. 하지만 광산구의 경우 더불어민주당, 민중당, 민주평화당, 바른미래당 순으로 득표율이 나타났는데, 민중당의 경우 10% 이상의 득표율을 보여주었다.

6 제4대 광주광역시의원(2002~2006년)을 역임한 윤난실은 2006~2008년 광주지역 MBC라디오 프로그램《시선집중 광주》진행자로서 활동하였으며, 2013~2017년 광주광역시 광산구 공익활동지원센터의 센터장을 역임하면서 광산구와 인연을 맺었다.

년 지방선거에서는 시교육감선거에, 2016년 총선에서는 광산갑에 출마했다가 낙마한 바 있다.

이 연구는 무엇보다 최소한 광산구의 경우 지역에 기반을 두고 상당한 기간동안 활동하며 지지기반을 다져온 이들, 특히 지역일당 우위체제를 구축하고 있는 더불어민주당 내외에 다양한 인맥을 형성함으로써 중앙과 지역, 여당과 행정부를 연계해줄 수 있는 이들이 지역엘리트로서 성장하는 데 유리하다는 점을 보여주었다고 할 수 있다. 단순히 중앙당의 낙하산 공천이나 정반대로 시의회 등 지역에서만 경력을 쌓은 이들은 기초단체장선거에서의 경쟁력은 그다지 크지 않다는 것이다. 아울러, 이 연구는 광산구 기초단체장 후보공천 및 선거사례를 분석함으로써 여전히 광주지역의 유권자들이 더불어민주당과 같은 특정 지역정당에 대한 일방적인 지지를 보이고 있다는 점을 다시 확인해주었다. 이는 앞으로 조금 더 열린 정치를 실현하기 위해서는 후보자의 대한 표면적인 판단이 아닌 깊이 있는 유권자들의 관심과 참여가 필요하며, 더 나아가 지역주민들의 직접참여 민주주의를 위한 정책과 제도가 마련될 필요가 있음을 의미한다.

참고문헌

MBN뉴스. 2018. "'김삼호 부활, 단일화 무산'…민주당 광산구청장 경선의 복잡한 셈법." 『MBN뉴스』(4. 25). http://mbn.mk.co.kr/pages/news/newsView.php?category=mbn00006&news_seq_no=3515382 (검색일: 2019. 1. 29).

광주광역시. 2018. "2017년 기준 주민등록인구통계." 『통계청 승인간행물』 205-01 (2월)

김대우. 2018. "「마지막 일주일…뜨거운 '표밭경쟁'」." 『무등일보』(6. 7). http://m.honam.co.kr/article.php?aid=1528297200557363021(검색일: 2019. 1. 29).

네이버 지식백과. 2017. "젠트리피케이션." 『시사상식사전』 https://terms.naver.com/entry.nhn?docId=2456481&cid=43667&categoryId=43667 (검색일: 2019. 1. 29).

노광배. 2018. "[광주] 윤봉근"지자체가 적극 나서 광주송정역 투자선도지구 기회 살려야." 『중앙통신뉴스』(4. 12). http://ikbc.net/ArticleView.asp?intNum=26882&ASection=001001 (검색일: 2019. 1. 29).

노해섭. 2018. "김영록, 임한필, 장성수, 윤봉근 광산구청장 단일후보로 합의." 『wikitree』(4. 30) http://www.wikitree.co.kr/main/news_view.php?id=342570 (검색일: 2019. 1. 29).

박중재. 2018. "이용섭vs민형배 대리전?...광주 광산구청장 경선 과열." 『news1』(5. 1). http://news1.kr/articles/?3305367 (검색일: 2019. 1. 29).

신홍관. 2018. "민주당 광산구청장 출마자들 '윤봉근 4자 연대' 뭉쳤다."

『포커스데일리』(4. 30). http://www.ulsanfocus.com/news/articleView.html?idxno=114399 (검색일: 2019. 1. 29).

오광록. 2018. "김삼호, "선거법 위반 단연코 없었다."『광주일보』(4. 30). http://www.kwangju.co.kr/read.php3?aid=1523372400628646004 (검색일: 2019. 1. 29).

윤난실 후보 개인 블로그. 2018. "윤난실의 정책과 공약." (4. 24). https://blog.naver.com/nanshil11/221260301010 (검색일: 2019. 1. 29).

이미애. 2018. "더불어민주당 광산구청장 윤봉근 경선 후보로 단일화."『천지일보』(5. 1). http://www.newscj.com/news/articleView.html?idxno=516773 (검색일: 2019. 1. 29).

조명래. 2016. "젠트리피케이션의 올바른 이해와 접근."『부동산포커스』 98호, 49~61.

중앙선거관리위원회, 선거통계 시스템(광주광역시, 광산구), 6.13지방선거결과.

중앙선거관리위원회, 책자형 선거공보물(광산구 기초단체장 후보)

황아란. 2015. "한국 지방선거의 특징과 현직의 직·간접적인 효과."『지방정부연구』 19권 3호, 365~386.

찾아보기

[편저자 약력]

지 병 근

현 조선대학교 정치외교학과 교수
제21대 국회의원 선거구획정위원회 위원
한국의회발전연구회, 『의정연구』 편집위원장
전 호남정치학회·호남국제정치학회 부회장
한국정당학회 부회장
미국 미주리대학교 정치학과 박사

주요 논문

"지방분권에 대한 주민인식의 지역별 격차 분석"(21세기정치학회보 2018, 공저)
"Getting Tickets for the Presidential Election in Korea"(*Korea Observer* 2018, 공저)
"유권자들의 지역발전에 대한 지방정부의 책임성 인식과 행태: 광주광역시 사례 분석"(한국정당학회보 2018, 공저)
"중앙당은 어떻게 시·도당을 통제하는가?"(의정논총 2016)
"'제3정당'에 대한 호남 유권자들의 선호와 투표결정"(아세아연구 2016)
"한국 주요정당들의 공천제도와 계파갈등"(동서연구 2016)
외 다수

주요 저서

『지방분권과 균형발전: 정치학자들의 관찰』(푸른길 2018, 공저)
『지역발전 : 정치경제적 접근』(세종출판사 2018, 공저)
『김대중·노무현 정부 시기의 선거』(마인드탭 2016)
『민주당계승정당연구』(전남대학교출판부 2015, 공저)
『한국의 선거 VI: 2014년 지방선거 분석』(오름 2015, 공저)
『변화하는 한국유권자5』(동아시아연구원. 2013, 공저)
Governmental Changes and Party Political Dynamics in Korea and Japan (Bokutakusha Publishing 2012, 공저)
Public Diplomacy and Soft Power in East Asia (Palgrave－Macmillan 2011, 공저)
외 다수

[저자 약력]

지 병 근(제1장)
조선대학교 정치외교학과 교수

박성용, 신혜영, 박지훈, 심승미(이상 제2장)
서주희, 이송빈, 마청미, 정재훈, 조혜진(이상 제3장)
장인수, 류경훈, 한광규, 장원준, 정진규, 서지원(이상 제4장)
장은진, 오슬향, 조다은, 박예은(이상 제5장)
김경진, 이구슬, 허지현, 고유신, 선영재(이상 제6장)

박 성 용
조선대학교 정치외교학과 졸업(2019.2.)
조선대 정치외교학과 국제관계연구회 회장(2014)
조선대 정치외교학과 학술연구회 준비위원장(2014)

서 주 희
조선대학교 정치외교학과 4학년 재학
광주 한국종합사회조사(KGSS) 조사원(2018)

장 인 수
조선대학교 정치외교학과 졸업(2019.2.)
광주광역시 동구 참사랑지역아동센터 기초교사(2018.7.~)

장 은 진
조선대학교 정치외교학과 3학년 재학

김 경 진
조선대학교 정치외교학과 4학년 재학
광주인권사무소 예비인권기자단(2014.10.~2014.12.)
광주 지역아동센터 방과후학습 영어멘토(2018.5.~2018.12.)
대한민국시도지사협의회 지방분권 대학생 서포터즈 광주팀(2019.3.~2019.6)

2018년 기초단체장선거를 통해 본
광주광역시의 **지역정치와 지역발전**

초판인쇄 2019년 4월 25일
초판발행 2019년 4월 30일

엮은이 지병근
펴낸이 김중용

총괄기획 박노일 · 최준규
편 집 심성보 · 김인숙

펴낸곳 도서출판 **정독**

경기도 파주시 책향기로 441, 1004동 1004호(동패동, 책향기마을)
등록 제406-2014-000093호
전 화 070)7550-3758 팩 스 02)718-8554
홈페이지 www.jeongdok.co.kr 이메일 pnc@pncmedia.co.kr
ISBN 979-11-89675-09-7 93340

정 가 15,000원